JN257597

人生90年　面白く生きるコツ

多湖 輝

GENTOSHA

まえがき

たまたまテレビ番組「世界一受けたい授業」で……

先日、テレビ番組「世界一受けたい授業」に出て、堺正章校長とちょっとしたやりとりをしたところ、ネットでエッセイを書いている静岡在住の富士峰子さんというエッセイストから、こんな感想をいただきました。

——あの番組で多湖先生は、「堺先生（しゃかい しぇんしぇい）」とか「巨匠」「Mr.かくし芸」などとも呼ばれて、今や業界の〝大物〟化している堺正章校長に対し、「私はね、アナタのお父さんをよく知ってるんですよ。アナタも偉いかもしれないけれど、お父さんはもっとすごかった。あのお父さんからすれば、アナタなんてまだまだ小僧っこですよ」

などと発言され、大御所マチャアキを一刀両断、笑いをとられていました。

やはり、別格だなぁとしみじみ思いました。いやしかし、それにしてもお若いですね、九十歳でこれだけ人を楽しませてくれるんですから。――

「別格」はほめすぎですが、たしかに堺校長の父・駿二さんは、昭和の喜劇界を代表する「面白い人」でした。

喜劇役者だから芸のうえで面白いのは当たり前ですが、私の言いたいのはその芸よりも生き方です。芝居が好きで中学を中退して、新派の一座に入ってしまいます。

子どもなのに、女形や立ち回りなど、何をやれと言われても「はいはい」とすぐ受けて、こなしてしまったので、子どものころから「面白いやっちゃ」と言われ、「面白い人」人生がスタートしていたのです。

コメディアンの間で「喜劇の神様」と呼ばれるほどの名優になった駿二さんでしたが、苦労人らしく大家になってもけっして威張らず、飄々として周りを楽しくする「面白い人」でした。スケジュールなども人に合わせるのを原則とし、役のうえでも相手役がその役を生かせるような心配りをして、若い人からも絶大な信頼を寄せられていました。

子どものころ「面白いやっちゃ」と可愛がられた経験は、大人になるにつれてさらに磨かれ、自分が「面白い人」でありつづけると同時に、立場を変えて「面白い若い人」を引き立てることにつながっていったのでしょう。

五十四歳で亡くなったその死は早すぎますが、当時、グループサウンズで活躍していた正章さんが、その後、単なる人気ミュージシャンに留まらない、幅広い活動を繰り広げているのも、こうした父・駿二さんの「面白い」生き方と、無関係ではないと思います。

自分も周囲も幸せにする最有力の人間モデル

たまたま最近のできごととのからみで、堺駿二さんのお話になりましたが、ほんとうにこの世の中に「面白い人」というのはいるものです。

そして、なぜ私がこの「面白い人」について書こうと思ったかと言えば、「面白い人」こそが、この人生を渡っていくうえで、自分も周囲の人も幸せにしてくれる最有力の人間モデルではないかと、しばらく前から思いはじめたからです。

早い話、大して男前でもない、お金持ちでもない、頭もそれほどいいわけではないという、要するに大したことのない男が、なぜか女性にモテてモテて、周囲の男たちが首をひねっているというケースがよくあります。

それで、この彼に群がる女性たちに聞いてみると、「だってあの人、面白いんですもの」という返事が返ってくることが多いのです。

さらに聞いてみると、「一緒にいて楽しいし、この人とならば幸せになれそうな気がする」と言います。これはどうも、男女間の問題だけではなさそうです。

モテそうにないのになぜかモテる男性と言うと、一般には、多少女たらしとか、母性本能をくすぐる甘え上手とか、まめに尽くして歓心を買うとか、あまりいいイメージばかりではありません。この中に「面白い人」という条件が入ると、他の要素と同類になって、何か軽いものを感じてしまいがちです。

しかし、これを男女関係だけでなく、もっと広く一般の人間関係に置き換えるとどうでしょう。軽いどころかもっと深い人間的魅力につながっていくものだとわかってきます。

ほんとうに魅力的な人間とは、もちろん外見的な容貌などではなく、さらには頭がいい人、できる人でも切れる人でもなく、「面白い人」である、というのが私の結論です。

「面白い人」というのは、できなくても、切れなくても、何か印象に残る人、気になる人、忘れられない人、その人がいるとみんなが幸せになるような、そして知らないうちに、その人のために動きたくなるような、ついて行きたくなるような、そんな人のことではないかと思うのです。

これは私が今まで会ってきた各界の、数多くの名だたる人たちとの付き合いを通じて、たどり着いた確信と言ってもいいでしょう。

昨年の暮れに、私は妻との結婚五十五周年と併せて、人生の終盤に差し掛かった感謝の会を催しました。そのときに、今まで親しくお付き合いいただいた人々を、改めて見直したのですが、その数は半端なものではありませんでした。

その中から、この本のテーマにぴったりの「面白い人」を挙げていくと、あっという間に百人を超えてしまいました。

その人物たちをずらっと並べてみると、なんと多彩なことでしょう。そしてそれぞれの意味合いにおいて、なんと「面白い人」たちばかりなのでしょう。挙げていけばきりがなく、話していても興味が尽きません。

そうした彼らの生き方や言動、メッセージから聞こえ、また見えてくるのは、こんな生き方をして「面白い人」になろうよ、というさまざまな提案です。

じつに多彩な彼らの「面白さ」ですが、そこには共通するものがあります。

それこそが、この本で最終的にたどり着く目標だと思いますが、その一例は、「面白い人」というのは、結局、「気配りの人」「サービス精神の人」なのだということです。要するに、「面白い人」を追い求めていくと、人生いかにあるべきか、人間どう生きるかという、「生き方」の問題につながっていくということです。

人間誰しも、生まれてきた以上、幸せになりたいと思います。そして、自分がほんとうに幸せになるためには、自分だけでなく他の人の幸せも考えることが必要です。

そのために最大のプレゼントになるのが、「面白い人」になるためのヒントだと私は信じています。そこでこの本には、私の九十年近い人生の目標とも言える「面白い人」になるためのヒントを、洗いざらいぶちまけたつもりです。

どうぞあなたもこれらのヒントを参考に、ぜひ「面白い人」になって「面白い人生」を送り、あなた自身と周囲の人を幸せにしてあげてください。

平成二十七年八月　　多湖輝

人生90年　面白く生きるコツ　目次

第1章
「できる人」より「面白い人」になろう

第2章 ユーモアは元気で長生きの原動力

第3章

人生の達人に学ぶ「やわらか頭」の作り方

第4章　これぞ極めつけ、私が降参した「超」面白い人列伝

超面白い人・1
寝たきりの「病牀《びょうしょう》六尺」から、自他ともに楽しむ生き方を教えてくれた俳人――正岡子規

超面白い人 5

『頭の体操』の著者に「頭の体操」を求めた「逆転の発想」——糸川英夫さん

超面白い人 6

破天荒なアイデアコンテストで驚かされたホンダ創業者——本田宗一郎さん

装幀　多田和博
写真　Getty Images
編集協力　㈱アイ・ティ・コム
ＤＴＰ　美創

第1章

「できる人」より「面白い人」になろう

今モテるのは、「できる人」よりも……

「まえがき」でも触れましたが、最近では、さまざまなマスコミでも報じられているように、今どきの若い女性たちが交際、あるいは結婚の対象として一番に挙げる男性は、なんと「面白い人」なんだそうですね。

私自身も、はじめてこれを聞いたときには、「へえー」という感じでしたが、考えてみますと、これは大変賢い選択で、なるほど！　と感心するようになりました。

いっとき言われた「三高」のように、**高学歴・高給で背も高くミバもいい、そんな男性が女性のお望み**というのもわかります。そして人柄より能力が大事で、仕事の成功や出世につながる「切れる人」「できる人」がもてはやされるのも当然でしょう。

そうした社会的要請が変わったわけではないのに、最近の女性たちは、「切れる人」「できる人」なんかよりも、ずっと「面白い人」のほうが好き！　だというのです。

たしかに、「面白い人」の周囲には、たえず笑顔があり、笑い声がありますよね。

周囲の皆が、明るくなり、会話が弾むということは、ほんとに楽しいことです。

「面白い人」が一人いれば、それだけで、周囲の人々にも明るい気分や楽しさが広がっていくはずです。

しかし、このイメージだけで「面白い人」を捉えると、こぼれ落ちてしまう大事なものがあるように私には思えるのです。

わかりやすい一例として、たとえば、大ヒットした映画『舟を編む』（原作は三浦しをんの同名小説）の主人公・馬締光也《まじめみつや》くんをご存じですか？

彼はその名のとおり〝真面目〟そのもの、無口で人付き合いが苦手、なぜか出版社の営業部に配属されていますが、厄介者扱いされています。調子のいい現代青年風の同僚からは、「あいつは女性になんかモテっこない」と思われています。

しかしこの馬締くん、大学院で言語学を専攻し、言葉に対する関心や感覚は半端なものではありません。そこを見込まれ、国語辞書の編集部にスカウトされます。

そして自分に向いた新しい仕事に、ひたむきに取り組むうち、ふとしたきっかけで大家のおばあちゃんの孫娘と知り合います。

ひと言ふた言やっと言葉を交わしただけで、彼女のことを好きになってしまった馬締くんですが、とてもその気持ちを伝えることができません。

しかし、一生懸命、言葉を探して、かえってしどろもどろになる彼に、彼女が発した言葉は、「みっちゃんって、面白い」でした。

その後、辞書の出版が中止になりそうな難局にも、口下手ながら懸命に立ち向かっていく彼と、彼のことを「面白い人」と感じた彼女は、しだいに心を通い合わせて結婚するに至ります。

やっと念願の辞書ができあがり、支えてくれた妻に、「これからもよろしくお願いします」と大真面目に頭を下げる彼に対して、彼女が言ったのは、「みっちゃんって、やっぱり面白い」という言葉でした。

つまりこの映画は、「面白い人」ではじまって「面白い人」で終わるのです。言ってみれば「面白い人」が、全体を通じてのテーマだったのかもしれません。

いかがでしょう。「面白い人」というイメージが、かなり広がりませんか。

たしかに若い人たちの間などでは、明るくてにぎやかで話の途切れない関係が望まれているようで、「沈黙の恐怖」というのがあるようです。

喫茶店などで話していても、**一瞬訪れる沈黙が怖くて、その沈黙を破るために必死に話の接ぎ穂を探す**のだそうです。

逆に二人向かい合っても話をしないで、もっぱら**ケータイやスマホの操作に夢中になっている姿**は、そうした「沈黙の恐怖」を気にしなくていいからとも思えます。

でも、今紹介した『舟を編む』の主人公のような「面白い人」も、たしかにいるのです。

私も「面白い人」は、もっと広い意味を持つものだと思います。

「面白さ」は、その人の人生を左右する

いくつかの辞書で調べてみますと、「面白い」（文語では「面白し」）とは、「目の前がパッと明るくなる感じを表すのが原義」とされています。

これらの辞書の表現を、すこし詳しく拾ってみると……。

①楽しい、愉快だという意味。――「昨日観た映画は面白かった」「勉強が面白くて仕方がない」など。

②興味をそそる。興味深い。――「何か面白い話はないか」「あの映画、最後にきて面白い展開になったね」など。

③こっけいだ。おかしい。――「面白いしぐさで人を笑わせる」「面白おかしく話す」など。
④一風変わっている。普通と違っていてめずらしい。――「面白い形の家」「面白いものの見方」など。
⑤（多く、打ち消しの語を伴って）心にかなう。好ましい。望ましい。――「面白くない結果に終わる」「私に面白からぬ感情を抱いている」など。

そして、これらの辞書の中でそれこそ〝面白かった〟、興味深かったのは、言葉の解釈が〝面白い〟ことで定評のある『新明解国語辞典』（三省堂）が、**「面白い」の語釈の中に「継続性」を挙げている**ことでした。

つまり、何かに心を惹かれ、続けて（進んで）してみたり、見たり聞いたりしたい様子や、普通と変わったところがあり、続けて（進んで）味わったり付き合ったりしてもっと内容を知りたい感じ、また、こっけいなことやうれしいことがあって、笑いが止まらない状態のことを、「面白い」と表現するというのです。

言われてみるとたしかにそうですね。一瞬で消えてしまうようなものに対しては、どの意味合いにおいても、あまり「面白い」とは言わないようです。

「面白くもおかしくもない人物」といえば、「特別の個性や見るべき主張がない状態が続いている人物」のことでしょうし、「面白いように売れる」といえば、「どんどん継続的に売れる」ことを言います。

とくに、この「面白い」が人間を評するのに使われるときは、「面白い人物」イコール「見どころのある人物」のように、その人の継続して持っている人格に関わる、かなりその人の本質を表す言葉になっているようです。

となるとやはりこの「面白い」という言葉が表すものは、単にちょっとした〝瞬間芸〟的なこっけいさや、笑える状態・行動・性格などに留まらない、その人のもっと奥深いものと関わり、その人の人生を左右するものと思われるのです。

「変な人」と言われるようになったら大したもの

面白いの「面」は、顔の意味があります。したがって、見た目、聞いた耳で面白いと感じさせてくれる咄家《はなしか》やお笑いタレントなどの、観客の爆笑を誘うという「面白さ」は、たしかに「面白さ」としてはわかりやすいものです。

しかし、私たちが「面白い人」と何気なく言っている人々は、それだけでなく、何か気になる変わったところ、「変なところ」のある「変な人」であることが多いのです。言うならば、「変な人」と言われるようになったら大したもので、「面白い人」になる資格は十分にあり、と言っていいでしょう。

現に、時代はずっと下りますが、私が千葉大学教育学部附属小学校の校長になったとき、生徒の前ではじめて挨拶をしたところ、子どもたちの間では、「変な校長が来た」ともっぱらの評判だったようです。

今まで、小学校の校長先生が生徒の前でどんな挨拶をしていたのか、いろいろな機会に聞かせていただきました。小学校というのはもちろん、まだ頑是《がんぜ》ない一年生から、生意気になってきた六年生まで、成長度合いの違う子どもたちを相手にします。

これはなかなかむずかしいものです。私の聞いた校長先生の挨拶は、それぞれベテランらしい立派なものでしたが、**子どもたちの心をもっととらえるやり方があるのではないか**と、私なりに感じていました。

そこで最初、附属小学校の講堂の教壇に立ったとき、私はまずマイクを固定マイクから手持ちマイクに変えてもらい、開口一番、

「いよー、みんなコンチワー」と言いながら壇上から降りて、
「あのね、最初に聞いておくけどね、この人（と自分を指さし）誰だか知ってる？　どう？　今度この学校の校長先生になる人なんだよ。それがね、みんなボクのことをタコ先生、タコ先生って言うんだけど、これは違うんだよ。お寿司屋で食べるタコじゃないの。タゴ……。タコのコに点々が付いてタ・ゴ・ア・キ・ラって言うの。覚えといてね。覚えてもらって、これから仲よくやろうね」。

こんな感じで話しはじめたとたん、生徒たちは「ワーッ！」と歓声を上げて喜び、そのあとの評判が、「変な校長」になったというわけです。

講演会でも、大学教授などというと**むずかしい話をするものと相場が決まっていますから、いかに最初のとっかかりでその構えを取るか**を考えました。

たとえば、面食らったのは国技館の土俵上から話をしたときのことです。靴を脱いで裸足で土俵に上がるのはいいとしても、丸い土俵のどの方角へ向かって話をすればいいのか、困ってしまいました。

そこで、土俵上であっちを向いたりこっちを向いたりしたあげく、
「まいりましたねー。これどうしたらいいんですか？　どっちを向いて話したらいいんで

しょう」

と困った状態をそのまま話したところ、満場の笑いとともに和やかな空気になったことを覚えています。この空気の変化も、いつもの偉い先生方とは違う、「ちょっと変わった講師」「変な先生」だということになったからに違いありません。

二十年後も忘れられない自己紹介

またこれは、私が千葉大で教えていた現役時代、十数名の学生を相手に講義ではなく、演習の時間を持ったことがあります。その第一時限目のことでした。私は、毎年、順番に自己紹介をさせるのが常でした。

その日も、私に近い人から順番に自己紹介をしてもらったのですが、ほとんどすべての学生が、**いわゆる型にはまった紋切り型の自己紹介**をしていきました。

「私は□□□と申します。○○高校の出身です。得意なことは△△です。現在は××に住んでいます。この大学を受けた目的は……」

これが定番の自己紹介のパターンです。ところが、十番目くらいに立ち上がった学生が、次のような発言をしました。

「皆さん！　私の顔をごらんになって、どんな印象をお持ちですか？　おそらく大半の方は、『真面目そうだが、けっこう、付き合いにくそうだナ』そんなところだと思います。

私は、今かけている、この眼鏡がいけないんだと思っています。眼鏡を外すと印象がまるで違って、あどけない、お人よしだナ、という印象を持っていただけると思うのですが……。

では、じっさいに眼鏡を外した顔をごらんいただきます。ハイ！　いかがですか？　私は○○高校出身の高柳《たかやなぎ》□□と申します。どうぞよろしくお願いいたします」

この**紋切り型ではない、しかも笑いをとろうというのでもない自己紹介**は、彼の存在を強く印象づけました。おそらく「変なヤツ」という評価もあったことでしょう。私は、このときばかりは、さすがに愕然として「やられた！」と思いました。

私は、この一件を忘れることができず、二十年ほど経過して、私が千葉大学教育学部附属小学校の校長を仰せつかったとき、当時の副校長・飯田稔先生に次のような提案をしました。

「千葉大の卒業生で高柳という人が、県下のどこかの教員になっているはずです。ぜひ探し出して、この小学校の先生に迎えたいのです」

あのとき変な挨拶をした彼は、こうして、千葉大学教育学部附属小学校の教員として迎えられたのです。

わずか二、三分の自己紹介が、その人の人生を変えることになったのは、私が彼を「面白い人」だと記憶にはっきりと残していたからに違いありません。

万歩計開発のウラにいた「面白がり屋」の存在

昨年から私は、寒い時期、沖縄・宮古島に滞在するようになりました。避寒のためでもありますが、**主とした目的は「歩くこと」**にあります。

じつは、私は、恥ずかしながら「財団法人日本万歩クラブ」の創立者の一人であり、二、三年前までは、このクラブの会長を務めていたのです。

「万歩クラブ」を作る計画は、当時、朝日新聞の家庭部長を務めていた宮本敏行さんと医学博士の大矢巌《おおやいわお》先生と食事会をしたときにはじまりました。

宮本さんは、私の処女作『読心術』の推薦コメントを朝日新聞に載せ、ベストセラーのきっかけを作ってくださった方で、それ以来、親しくお付き合いさせていただいていました。

この食事会の場で、大矢先生が突然、「あなた方もとにかく歩かなければいけません」と言い出されました。何でも、長年の研究の結果、**一日一万歩歩いていれば健康で長生きできる**というのです。裏づけはきちんと取ってあり、近々発表する予定とのことでした。

すると、面白がった宮本さんは、「その話、他の人に話さないでください。わが朝日新聞の独占記事にしたいので」と、多大な関心をお示しになりました。次が私の出番でした。次のように口を挟んだのです。

「このところ、電通のマーケティングの顧問をしている私に言わせれば、新聞に記事を載せても『一万歩か、毎日歩くのは大変そうだな』で終わってしまうと思うんです。自慢じゃないけど〝マーケティングのプロ〟である私の感覚では、記事を見た人は必ず、自分は一日に何歩くらい歩いているのかを知りたくなります。

だから、手軽に歩数を計れる歩数計を作りましょう。そこに朝日の力が加われば、一大国民運動が巻き起こるに違いありません。できれば財団を作って、国の運動にすれば、国民の健康に寄与することになりますから……」

私の提案に、お二人とも「面白い！　面白い！　それで行こう」という話になり、当時の文部省担当記者だった宮本さんは財団作り、私は、以前勤めていた東京工業大学の先生に歩数計製作を依頼するという具合に話を進めることになりました。

ところが、財団作りは順調に進んだものの、歩数計作りはなかなか進みません。できた試作品は、数字の桁上がりの機構がうまくいかず、9から10、99から100と桁が上がるときには、歩いていても地面を強く踏みしめるとか、数字の桁が変わるたびに、人為的な操作をしなければならないというダメな製品でした。

そこで、結局、宮本さんの知人で大手時計会社の下請けをしている町工場の社長に、話を持ちかけることになりました。三週間待ってほしいと言ったこの社長は、約束どおり三週間後に、やや大きめの懐中時計形式のものを持ってきたのです。

びっくりする私たちに、社長は笑顔で言いました。

「多分アメリカで作られているのではないかと思って行ってみたら案の定で、それを取り寄せて分解してみたら、うちでもできることがわかりまして……」

私は、**大学の研究室にいた私の頭と違って、商売をしている人の目の付けどころは違う**のだということを思い知らされたわけです。

準備が整ったところで、朝日新聞は、大矢先生の「一万歩健康法」を大きく掲載しました。そこに、「財団法人 日本万歩クラブ」推薦の「万歩メーター」を併せて紹介したところ、これが何万、何十万と売れつづけ、**小さな町工場は、十階建てくらいの大きなビルを持つ**ようになりました。

大矢先生の研究の面白さに加え、万歩計を作ろうという案や、この「万歩クラブ」や「万歩メーター」というネーミングなどは私が提案したものでしたが、要するにいくら「面白い人」がいて「面白い案」があったとしても、それを面白がって取り上げ、実現させていく「面白がり屋」さんがいなくては、面白いことも実現しません。

この「万歩運動」「万歩計」「万歩クラブ」に関しては、この「面白い発案」をする「面白い人」と、それをお互いに面白がる「面白がり屋」さんが合わせて三人。まさに「文殊の知恵」が実って、予想以上の広がりになったのです。

余談ですが、初代の万歩クラブの会長は、宮本さんと私にとっては中学校（旧制府立四中）の先輩である当時の警視総監・原文兵衛先生にお願いしました。

原先生は、警視総監当時、毎朝、宮城の周囲を歩いておられた「万歩運動」の先駆者でした。警視総監というのは、宮城守護という重要な役割もあり、その立場上、東京都内を離れることが許されなかったとも聞いております。

さらにその後、参議院議員になられ、参議院議長まで務められた原先生に、会長をお願いし、大きなお力添えをいただいたことも、万歩運動が大展開するうえでの大きな力になったのです。

計算や理屈じゃない「正直さ」が人を惹きつける

この本では、私が「これぞ面白い人！」と思えた何人もの人を取り上げていきますが、身近なお付き合いのあった人の中で、ソニー創業者の井深大《いぶかまさる》さんやホンダ創業者の本田宗一郎さんなどは、年齢に関係なく、いつも子どものように「面白いこと」に目の色を変えていました。

「面白いこと」に**目の色を変える人**が、「面白い人」でないわけがありません。井深さんなど、一緒に旅をしても、新幹線の窓から何か珍しい形をした建物が見えたりしようものなら、すぐ目の色を変えて、

「あれっ？　何だあの建物は。多湖さん知ってますか？　おかしい。このあいだはなかっ

たんだが、変だぞあれは、何だあの建物は？」

ともう居ても立っても居られない様子です。ついには席を立って、会社の秘書室に電話をしていたようです。新幹線のどの駅とどの駅の間あたりに、変な建物があったが、あれは何か調べてくれと言うのです。

結果は聞きませんでしたが、秘書さんも、もう慣れっこになっていて、「ほら、はじまった。井深さんのクセが……」と、優しくしかも大切に、この井深さんの「面白がりグセ」を受け止めておられたのでしょう。

かと思うと、一緒にゴルフをしていたときのこと、カートで移動中の通路に水が流れていました。まあ、私などは屋外のいろいろな季節の変化の中では、多少違った姿で水が流れることもあるだろう、ぐらいにしか思いませんが、井深さんは違います。

「あれっ？　多湖さん、これちょっと変じゃないですか？　こんなところに、この水の流れは？　何だろう。何かあるんじゃないですか？」

ゴルフなどそっちのけになり、カートを飛び下りてまで調べに行ってしまいます。

とにかく**計算も何もなく、目の前の興味を惹かれるものに夢中**になってしまう。まさにそれは先ほども言ったように、幼い子どものような、浮世のしがらみに染まらない少年のような、瑞々しい感性を感じさせられました。

そして、あまりにも浮世離れしたところの多い井深さんに、もっと浮世の面白さを吹き込んでやろうと、悪友どもがぐるになって、井深さんがまったく知らなかった麻雀を教えこみました。

すると何回か卓を囲むうちに、井深さんのほうが麻雀のとりこになってしまい、会うたびに今度いつできるか、時間はないかと矢継ぎ早の催促です。

さらには、すこしベテランの私たちが、初歩的なことで井深さんの打ちそうなあがり手を読んだときなど、口惜しがりながら、「どうしてわかるのか教えろ」と、うるさいくらいに聞いてきます。

そんな井深さんですから、逆に面白くないこと、興味の湧かないことを、周囲の人間が取りざたしていると、さっさと顔をそむけて新聞を読みはじめてしまいます。

要するに、**自分にとって面白いこと、興味の湧くことと、そうでないことがはっきりしているの**です。対応の違いが、これほど顕著な人は珍しいでしょう。

本田宗一郎さんもそうでした。井深さんとともに後ほど詳しくお話ししますが、彼の自宅を開放したアユ釣りパーティや、会社を挙げての奇想天外なアイデアコンテストなど、面白いことはすぐやる、やらずにはいられない、という彼の面目躍如たるものでした。

彼らの「面白さ」には、計算や理屈、もっともらしい理由はみじんも感じられません。

「面白いものは面白い」「面白いからやる」というだけのことのようです。

それでいて、お二人とも結果的には、戦後の日本人に夢や希望を抱かせるたくさんのヒット商品を開発したのですから、この「面白さ」と「創造的発想」とは無関係ではないと思わざるを得ません。

つまり、計算しない「面白さ」からこそ、結果的にほんとうに「面白い」ものが生み出されるのだと言えそうです。

井深さんが創業時に書いた有名な設立趣意書には、「自由闊達《かったつ》にして愉快なる理想工場の建設」（ルビ、傍点は筆者）という言葉が出てきます。事業を興すにも「愉快さ」つまり「面白さ」が、重要な動機になっていたのです。

井深さんにとっては、**仕事も会社も、自分の「愉快さ」「面白さ」を満足させるための手段に過ぎなかった**のかもしれません。

とはいえ、井深さんや本田さんは「面白い人」の中でも特別な人で、自分の面白いと思ったことを、面白がりながら作ったり、行ったりすることができた幸せな人だ、と思う人も少なくないでしょう。

たしかに私たちの住む浮世は、面白いことばかりではありません。面白くないできごとや面白くない結果に出会ったり、人から面白く思われなかったりと、面白くないことが満ちあふれているとも言えます。

しかしだからこそ、「面白い人」が求められているとも言えるのではないでしょうか。浮世を「憂き世」と書いて、その憂さを晴らすためにも、**行き詰まりの感じられる現実の世の中に何か突破口を見つけるためにも、「面白い人」が待ち望まれる**のです。

高杉晋作の辞世「おもしろきこともなき世をおもしろく」

有名な幕末の志士・高杉晋作の辞世として知られる歌があります。

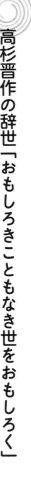

「おもしろきこともなき世をおもしろく　すみなすものは心なりけり」

あの幕末から明治維新に至る世直しのエネルギーは、やはり現状に対する多くの人々の鬱屈が引き金になったのでしょう。

長い幕藩体制の中にたまった矛盾が、さまざまな「面白くない」ことを生み出していたに違いありません。

ただこの歌は、最初は短歌の形で完成していなくて、「おもしろきこともなき世をおもしろく」とだけ、まず晋作は詠んだそうです。この中の言葉で、わずかな違いなのですが、「世を」は「世に」が正しいという説もあるようです。

「世を」としたほうが、いかにも革命児・高杉らしい「世を変えたい」という意志が感じられます。しかし実際は、「世に」と詠まれたものを、後の人が「世を」に変えた形跡があるそうで、晋作自身は「世に」という実感を持っていたようです。

つまり、「この世はおもしろいこともあまりない世である。そういう世にあっては、せめて心の持ち方でおもしろく生きていこう」というメッセージと思われるのです。

一説では、晋作は上の句「おもしろきこともなき世をおもしろく」とだけ詠んでいたのですが、これに晋作の看病をしていた歌人の野村望東尼《のむらもとに》が、下の句として「すみなすものは心なりけり」と付けて、これを聞いた晋作は、「おもしろいのう」と言ったとか……。

私自身の感想としては、晋作は**上の句だけでよかったのではないか、**という気もします。

「おもしろきこともなき世をおもしろく」だけで、彼の生き方が十分伝わるのではないかと思うのです。晋作の作と伝わる都々逸《どどいつ》、

「三千世界の鴉《からす》を殺し、主《ぬし》と添寝（朝寝）がしてみたい」

にも表れている彼の生き方は、世が世ならもっと自由闊達に「面白い人生」を追い求めるものになっていたでしょう。

つまり、「おもしろきこともなき世をおもしろく」生きてきたが、いやもっと面白く生きたかった、そのために面白き世を作りたかった――、そういった「面白い人」高杉晋作の、すべての思いが込められていたのではないかと思えるのです。

五七五の俳句形式は、ときに**三十一文字の短歌形式より、含意の深い内容を持つ**ことがあります。

私自身は俳句も短歌もあまり嗜《たしな》まない不調法者ですが、一時期、正岡子規に強く惹かれて多少は俳句の勉強をしたためか、この短詩形に込められた意味を、晋作の辞世からも汲み取りたいと思ったのです。

ということで、次の第2章からは、私がこれぞ「面白い人」の典型と思う人たちを取り上げ、そこから皆さんとご一緒に「面白い人」のエッセンスを汲み取っていきたいと思い

ます。

この「面白い人のオンパレード」を読んでいるだけで、**面白い人感覚が身についてくる**はずです。

第2章

ユーモアは元気で長生きの原動力

「キョウヨウ」と「キョウイク」でボケ防止?

平成二十五年(二〇一三年)七月十四日の朝日新聞朝刊、「天声人語」をご覧になった方は、ご記憶にあるかもしれません。

じつは私自身は、この日、新聞を読んでおらず、何本も電話がかかってきてはじめて知ったのですが、しばらく前に書いた『100歳になっても脳を元気に動かす習慣術』(日本文芸社)という本が、「天声人語」で紹介されているというのです。

次いでこの本の編集者から、「先生、大変ですよ。今、書店や読者から問い合わせがたくさん来て、また増刷されることになりました」と弾んだ声が入りました。

この本は幸い、出た直後からあちこちで「面白い」とほめていただいていましたが、やはり大新聞の力は大したもので、この「面白さ」を的確につかんでくれて、さらに多くの人に伝えてくれたのです。

記事で触れられた本は、題名でわかるとおり、**年を取ってもいつまでも若々しい頭脳や感性を持つ**ための、日常的な工夫を紹介したものです。

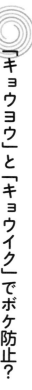

記事が紹介してくれた部分は、その本の中のプロローグで書いた、ある先輩からの教えでした。この本を読んでいない人のために再録しますと……。

講演会などでも必ず出るのが、「先生、ボケないためには何が必要ですか」という質問です。そんなとき私は、こんなエピソードを話すことにしています。

ある集まりで、まもなく百歳を迎えるというのに矍鑠《かくしゃく》として、とくに**頭の柔軟さは、一回りも二回りも若い私たちも敵《かな》わないという大先輩**に、その秘訣を尋ねました。

するとその大先輩は、

「やはりボケないためには、キョウヨウとキョウイクがなくちゃいけない」

と言います。この答えを聞いて、中には、「うん、そうだそうだ。何といっても頭脳活動のもとは教養と教育でしょうからね。その点、私など本が好きだし、しっかり大学にも通ったし……」などと、いかにも納得した様子を見せた人もいました。

しかし私は、正直言って意外だったので、こう反論しました。

「でも大先輩、お言葉を返すようですが、けっこういい大学を出て、本もたくさん読み、教養も教育も十分あったはずの人が、ボケちゃったという話をよく聞きますよ」

するとその大先輩はこう言ったのです。

「ダメだなあ、キミたちは。そんなことだから早くボケるんだよ。あのね、キョウヨウっていうのはね、**教養じゃなくて、今日、用があること、キョウイクとは教育ではなく、今日、行くところがあるってこと**なんだよ。キミらもね、今日用がない、今日行くところがない、となったらもうボケるしかないんだよ」

これには、居並ぶそうそうたるメンバーも、完全に一本取られ、その場は大爆笑の渦に包まれました。


この本の中で書いたことは、そのまま今度の本のテーマである「面白い人」になる秘訣を教えてくれているようです。この先輩自身の、この「人を食った表現の仕方、笑いの渦に人を巻き込むその頭の使い方」こそ、「面白い人」の見本と言えましょう。

そしてもちろん、この先輩が笑いとともに見本を示してくれたように、「今日、用」がある、「今日、行く」ところがある、そんな毎日を意識的に演じることで、いくら年を取ろうとも「面白い人」でありつづけ、「面白い生き方」ができるはずです。

こうして思い返してみると、頭や感性が若々しい人は、ほとんど例外なく「面白い人」

であり、人の頭の若さ、柔軟さと、「面白さ」とは、ほぼ同義ではないかと思います。

とくにこの本では、最初の章で「ボケ防止に笑いはつきもの」と主張し、「面白い生き方」が即、**頭脳だけでなく心身全体の若さにつながる**ことを訴えています。

そこでこの章では、この本に紹介したことを含め、有名無名、さらに多くの「面白い人」の「面白い生き方」を紹介していきたいと思います。

第1章で触れた高杉晋作の歌、「おもしろきこともなき世をおもしろく　すみなすものは心なりけり」ではありませんが、かりに辛いことや悲しいことがあったとしても、いや、そんなときこそなおさら、「この世を面白くする心」が必要なのです。

笑いひとつで絶望的状況からも救われる

ナチスのユダヤ人収容所に入れられた経験を持つ、オーストリアの精神科医ヴィクトール・E・フランクルが、著書『夜と霧』で書いた収容所におけるジョークが印象に残っています。この本に「収容所のユーモア」という文章があり、フランクルは毎日、義務として最低一つは笑い話を作ろうと提案したというのです。

たとえば、給仕係が配りに来る収容所のスープは、鍋の底に実がすこししか入っていなかったので、みんな必ず「底のほうからお願いします」と言っていました。

だからもし、収容所から出られて豪華な夕食に招かれたとしても、ついそのクセが出て、きっとスープは「底のほうからお願いします」と言ってしまいそう、というのです。

ナチスの収容所と言えば、イタリア映画『ライフ・イズ・ビューティフル』でも、絶望的な状況の中で、ユダヤ人の少年が、「面白いお父さん」のお蔭で、**希望を失わずに生き延びる話が感動的**でした。

ユダヤ人でない母とは引き離された幼い息子とともに、収容所に送られることになった父親は、幼い息子に収容所の悲惨な状況をどう説明すればいいのか途方にくれます。そして、とっさに彼は笑顔でこう言ったのです。

「これはゲームなんだよ。だから泣いたり、ママに会いたがったり、おやつをほしがったりしたら家に帰されちゃうよ」

泣かずにがまんして隠れていることが「勝ち」で、勝って1000点集めれば、本物の戦車がもらえると父親に言われた息子は、一生懸命隠れとおします。最後に父親がナチスに連行されるときも、おどけてゲームを装う父親を信じて点数を稼ぎ、やがてやってきた連合軍の「戦車」に、息子は、「勝った！　景品の戦車だ！」と叫んだのでした。

日本でも、東日本大震災のとき、じつにユニークな雑誌記事がありました。

震災直後、月刊誌「中央公論」の二〇一一年六月号に載った「今こそ『笑い』の力を！

復興のためのジョーク集」（ノンフィクション作家・早坂隆氏）です。

筆者の早坂氏は、当然、**深刻な暗いニュースが多くなる中で、こんなときこそ「笑い」の持つ力を改めて見直したい**と言っています。

過去の例では、あの一九九五年に発生した阪神・淡路大震災のときも、関西人は得意のユーモア精神を失わなかったと言い、次のようなジョークを紹介しています。

「家はどうなった」「貴乃花やね」「なんやそれ？」「全焼（全勝）や」

このころ大相撲の貴乃花は、前年十一月に横綱になったばかりの全盛期でした。

または、こんな例も――。

東京から来たボランティアの学生が被災者に言った。

「東京も関東大震災から復興しました。頑張りましょう！」

それを聞いた一人のオジサンが答えた。

「お兄ちゃん、若そうに見えるけど年いくつや？」

七十年以上前の関東大震災を知っているのは、もう九十近い老人のはずです。

こうした例を引きながら早坂氏は最後に、「笑い」こそが、人類が絶望の歴史の末に見出した、最大の生きる術《すべ》なのだ、と結論付けています。

フランクルも同じ「収容所のユーモア」の中で、「ユーモアとは、ほんの数秒間でも周囲から距離を取り、状況に打ちひしがれないために、人間という存在に備わっている何かなのだ」と書いています。

「人間のみがこの世で苦しんでいるので、笑いを発明せざるを得なかった」（ニーチェ）とか、「ユーモアの隠れた源泉は、歓びにあるのではなく悲しみにある」（マーク・トウェイン）といった見方もあります。

フランクルも、ゲームを演じた父も、大阪の人たちも、結局は**大変なときにこそ「面白い人」がいてくれて、心の余裕や冷静さを取り戻し、命を救われていた**のです。

死後も人々を楽しませた、あっぱれな百二歳

百二歳で亡くなる直前まで、親戚の結婚式で祝辞を述べるなど元気そのものだったある

老人も、無名ながら「面白い人」として周囲の人を楽しませました。

この結婚式でも、参列者はこぞってこの人柄と長寿にあやかりたいと、並んで記念写真を撮ってもらっていました。

この老人は出かけるのがお好きでしたから、いつもあちこち出歩いては話題を振りまいていました。あるとき「立ち寄り先に忘れ物をした」というので、付き添いの人が何を忘れたかを聞くと、「はげ隠し」だと言います。

最初は何のことかわからなかった付き添いの人も、老人の頭を見てやっとわかりました。それは、お気に入りの帽子のことだったのです。

その帽子を無事かぶることのできた老人は、今度はこう言ったそうです。

「この帽子はボケ帽子なんだよ」

「えー、おじいちゃん。この帽子をかぶるとボケちゃうの。それじゃ困るよ」

「違う違う。ボケを防止する帽子なの」

なるほどと私は感心しました。その**帽子にどんな仕掛けがあって、ボケ防止になるかは明らか**でしょう。帽子一つでこんなに話題を振りまくそのユーモア精神こそが、この老人を百歳を超えるまで、ボケないでいさせてくれたのです。

この老人は、若いころから達筆で、たくさんの揮毫《きごう》を残していますが、その中に大きな紙に小さな字で、百人一首をすべて歌人名入りで書いたものがあります。じつはこの百人一首にはある仕掛けと言うか、老人らしいいたずらが仕掛けてありました。

百人一首ですから数えてみると、たしかに百首の歌が書いてあります。これでたいていの人は満足し、大したものだと感心してしまいます。ところが、この全体を仔細に点検してみると、書かれていない歌が一首あるというのです。

では百にならないではないかというと、今度は一首だけ同じものが二度書かれているというのです。この謎は、老人が亡くなった後に発見されたので、なぜそうしたのか確かめる術はありません。

しかし、死んだあとまでこうして話題を提供し、生きている人間を楽しませてくれるとは、あっぱれ見事な「面白い人」だったと思うのです。

土地の人たちが考えた人気の「厄無しで長生きの橋」

話は変わりますが、よく時代劇に出てくる長い木の橋を覚えておられませんか？

どこにあるのだろうと気にしていたら、ある雑誌に、**長い木の橋としてギネスブックに載っている**という静岡県島田市の蓬莱橋が載っていました。

訪れる人が多いと言いますが、その理由は「長い」だけではありません。「面白い」のです。何しろ全長が八九七・四メートルなので、「厄無し」となり、「長い木」の橋なので「長生き」の橋ということになり、とくにお年寄りに人気が高いのです。

そう言えば、私がこの原稿を書くとき滞在していた沖縄・宮古島では、隣の伊良部島との間に、通行料を取らない橋では日本最長という伊良部大橋が、一月三十一日に開通したばかりでした。その長さが三五四〇メートル、これを地元では「サンゴ（三五）シマ（四〇）」（珊瑚島）と語呂合わせして宣伝に使っています。沖縄ならではの名宣伝ですね。

話を木の橋に戻しますが、この橋、よく見ると、よく時代劇で見る橋とはちょっと違うような気がします。バッタバッタと切られたやくざの子分たちが、次々に転げ落ちる橋にしては、低いながらちゃんと欄干がついていますし……。と思って詳しい人に聞いてみたら、この橋も時代劇に出るには出ますが、もっと頻出している橋があるというのです。

その橋は、もう欄干も何もない、すぐ落っこちそうな橋で、通称「流れ橋」、京都府八幡市上津屋にある、一部の人には大変有名な名所・上津屋橋《こうづやばし》でした。

なぜ「流れ橋」なのかというと、洪水のときには、橋や橋桁が破壊されないように、ある水量を超えると、わざと流されるようになっているのだそうです。

じつはこの橋には長い丈夫な綱が付いていて、それが橋桁と結ばれており、**流されても下流に流れ去ってしまわないで、あとで引き寄せて修復できるようになっている**というのです。この面白さは、先ほどの「長生き」で「厄無し」の木の橋にも負けていませんよね。

なにか、人生の荒波に流されても、流されても、何度でも立ち上がる人間の姿に似ています。この工夫をした土地の人々の、面白いと言っては失礼かもしれませんが、転んでもただでは起きない知恵に感服いたしました。

「加齢」を面白がって大盛況だった「華齢なる音楽祭」

私の親しい知人は七十歳を超えていますが、何年か前に、高校時代の仲間と合唱団を作りました。

最初は、「老年合唱団」ならぬ「朗年合唱団」という名前をつけ、江戸川乱歩の『怪人二十面相』に登場する「少年探偵団」の歌をもじって、「ぼっぼっぼくらは朗年（老年）

合唱団……」などと歌っていました。

しかし、そのキャッチフレーズが「加齢なる歯ーモネ（無）ー」（華麗なるハーモニー）で、欠けた歯の隙間から漏れる「歯もれ音」で「ハモれる」と意気盛んなのを見て面白がった人が、どうせだったら「加齢」より「華齢」、「華やいだ齢」の「華齢なる合唱団」にして、「華齢なる音楽祭」でもやったらどうかという話になってきました。

つまり、加齢世代の六十歳以上を参加資格とする、いろいろな楽器の音楽祭をやろうということになり、この人たちの故郷、長野県飯田市を拠点に三時間にわたる音楽祭を開いたところ、大変に好評で、いろいろなマスコミにも取り上げられ、もう今年（二〇一五年）で三回目を迎えるといいます。

「華齢なる音楽祭」という趣旨が面白がられて、参加希望者や観客が押し寄せ、コーラスからフラダンス、和太鼓、オカリナ、三味線、リコーダー、マリンバ、ハーモニカ、大正琴、フォークなどと多彩で、腕前もなかなかのものです。

高齢者の若返りだけでなく、**地元の高校生も面白がって手伝ってくれ、世代間交流にもなる**など、趣旨が面白いということで、県の関係機関が注目し、「地域発　元気づくり支援金事業」の一つに認定されたそうです。

「華齢なる合唱団」の名前どおり、参加者は皆、生き生きとし、引きこもりがちだった人も明るくなって、とくに女性は皆若々しく色っぽくなったといいます。

つまり、この合唱団のよさは歌のうまさより、皆が面白がって参加していることでしょう。そして、慰問に行った老人ホームなどでは、こんな風に語りかけます。

「こんにちは、皆さん。今日は皆さんがそちらに座り、私たちがこちらで歌うわけですが、私たちもまもなくそちら側に座ります。そのときはよろしくお願いします」

すると、聞き手の半数くらいの人は、この意味がわかって拍手喝采になります。

そして何曲かこうして語りを入れ、笑いを引き出しながら、懐かしい歌を歌っていくと、最初はどんよりした目をしていた人、半分ボケ症状がはじまっていたような人まで、目が輝きだすといいます。

面白さが一人よがりなものでなく、見聞きする人たちに共感されるものなら、**その面白さは、お互いの間で相乗効果を生み、双方が楽しさや生き甲斐をより強く感じられる**に違いありません。

私も、さっそく家内と一緒にＤＶＤを見せていただいたのですが、正直なところ団員の皆さんの歌唱力はむろんのこと、伴奏や他の楽器の演奏技術も驚くほど高く、シロウトとは思えぬ出来ばえに、ただ感心、感動させられてしまいました。

こうした催しは、誰にとっても三つの楽しみを与えてくれます。第一は、誰と一緒に行くか、どんなお洒落をするかという会に参加する前の準備の楽しみ、第二はむろん、当日の楽しみ、そして第三は、同行者と会うたびに「よかったねー」とその日のことを思い出し語り合う楽しみです。ほんとうに素晴らしい会ですよね！

名前が面白くなると、中身まで面白くなる

「厄無し橋」や「流れ橋」、「サンゴ橋」、そして「華齢なる音楽祭」などという「面白い」名前の付け方、つまり「ネーミング」がいかに大切かという点に関して、私自身が関わった忘れられない実例があります。

私がまだ千葉大学の現役の教授として、千葉県内のさまざまな問題と関わっていたころ、県全体の活性化に関して、何でも大胆な意見を出してほしいと言われたことがあります。

たしかに、関東において「千葉」や「茨城」、「埼玉」、「群馬」といった県は、お叱りを受けるかもしれませんが、どうもイメージがもうひとつパッとしません。「グンマ」と言

えば田舎の代名詞、埼玉も「ダサイ玉」などと言われ、千葉と茨城などに至っては、まとめて「チバラギ」という田舎臭い風土を指す別称、いえ蔑称まで生まれる始末です。

私は、そんなイメージを吹っ飛ばす妙案はないかと頭を悩ませている偉いさんたちの会議で、こう発言したことがあります。

「どうでしょう。そんなにイメージを変えたいのでしたら、いっそ思いきって千葉という県名を別の名前にしてしまったら？　そういうことは法的にできないのですか？」

会場は一瞬シーンとして、皆さん目を白黒させるばかりでした。

もちろん、土地の名前には歴史や伝統、そして住民の愛着があり、おいそれと変えられないことはわかっていました。しかし、私としては**県のイメージをガラリと変えるためには、そのくらいの発想転換が必要なのではないか**、と言いたかったのです。

現にこれは企業の例ですが、思いきって長年使ってきた「通称」を変えることによって大成功した例があるのです。

昭和三十年代に創業し、四十年代にはまさに「チバラギ」の千葉と茨城にかけてスーパーチェーンを展開しはじめた会社がありました。今ではこの地域では知らぬ人のないスーパーやドラッグストアのチェーンを拡げている「千葉薬品」です。

スーパーチェーンをはじめた当時、何かと相談に乗っていた私は、もう一歩の飛躍を求めるなら、「千葉薬品」から取った「チバヤク」というブランドを、変えてみる必要があるのではないかと提案しました。すると社長は、

「じつは社内でもこの件は話題になっていましたので、ぜひ知恵を貸してください。先生にお任せしますよ」

とおっしゃいます。そこで私は本気になって考えはじめ、こんな提案をしました。

思い切って「千葉」は捨てよう、しかし、どこかに伝統あるこの社名の痕跡は残したいので、**「千葉薬品」の「ヤク」を残し、「ヤック」にしたらどうか**と具申したのです。

すると社長以下、この新しい名称を大変気に入ってくれて、ぜひ採用したいとおっしゃいます。そこで、念のために商標権を調べてみると、大阪にまさにこの「ヤック」というブランドの登録をしている会社があったのです。さまざまな家庭用品を扱っている会社でした。

せっかく気に入ったブランドが見つかったのに、と落胆しかけた社長たちに、私は、

「諦めることはありません。双方にとっていいお話にしてきましょう」

と私自身が出向いて大阪の会社を訪ね、誠心誠意お願いをしました。

「とてもいいブランドで、当方では社長以下大変気に入ってしまいました。御社ですでにお考えになっていたとは知らず、失礼しましたが、このうえは御社の製品を当社でも大々的に売らせていただくということで、関東での使用をお許しいただけないでしょうか」

こう訴えると、先方も、

「先生がお考えになり、そこまで礼を尽くしていただけたなら、けっこうですよ。どうぞお使いになってください」

ということになり一件落着したのでした。

ただ、私自身、大阪の会社とまったく同じブランド名は避けたいと思い、**「ヤック」が発展すれば複数の支店ができるとも考え、sをつけて複数形の「ヤックス」の誕生となったのです。**

その後、同社の広告代理店だった電通の口ぞえで、意味は違ってきますが、sの前にアポストロフをつけ「Yac's」が生まれることになりました。このとき私は、もう一歩踏み込んで、「Yac's」の下に「young and clean」(若い人たちがクリーンな品物を売る店)という文字を添え、企業イメージの向上のシンボルとしました。

こうして五十年代のはじめには、スーパーチェーン「ヤックス」が「チバラギ」地域を席巻していきます。とかく地味で野暮ったかった企業イメージががらりと変わり、若い人たちにも支持される店として「面白い」の本来の意味である継続性のある魅力を発揮し、「面白いように」発展していったのです。

同時に教育的な活動としても、その後、ボーイスカウトの指導を取り入れた夏の「ちびっ子キャンプ」、冬の「スキーキャンプ」を毎年開いたり、アウトドア商品専門店のチェーンを開いたり、さらにはドラッグストアチェーンから、ヘルスケア専門店など介護支援にも業務を拡げたりして、時代の要請に応えようとしています。

私が関わったのは「ネーミング」のささやかなアドバイスでしたが、たかが名前と侮れません。前に挙げたいくつかの例のように、**名前が面白くなると、「名は体を表す」で、今日活動も内容も面白くなる**ものなのです。「千葉薬品」から「ヤックス」への変身が、今日まで発展した形で受け継がれているような気がして、大変うれしく感じています。

このあとに、ヤックスは「ヤング・アンド・クリーン」をテーマにした大イメージ作戦をやったのですが、ときに即し、必要に応じて拡がりの「ネタ」を探したのです。

笑える失敗談は周囲を和ませ、自分も解放される

二〇一五年の一月早々、純文学雑誌として有名な『文學界』に、一見、純文学とは分野が違うような、「面白い人」になるための奮闘ぶりが載って話題になりました。作者は、お笑い芸人の又吉直樹さん、作品の題名は『火花』です。

この作品が評判となり、『文學界』は文芸誌としては異例の大増刷、単行本もミリオンセラーとなり、又吉さんはお笑い芸人としてはじめて、芥川賞を受賞しました。

もちろん彼の場合は、職業として「面白い人」になるための苦労をしたわけですが、その苦労の中で、「面白いこと」を言ったりしたりする、その素材探し、つまり「ネタ」探しが大変なのが伺えます。

私たち素人でも、「面白い人」になるためには、それなりのネタ探しも必要でしょう。しかし考え方によっては、**その素材は意外に身近なところにたくさん転がっているとも言えそうです。**又吉さんにしても、そういうものの中から、人が気付かなかった驚きのあるものが探せたとき、「面白い話」ができるのだと思います。

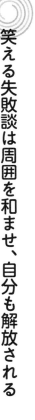

つまり、誰でも「面白い人」になれる「素材」を、身近に持っているのです。

その最たるものが「自分の失敗談」でしょう。

気の利いたジョークや、しゃれた駄洒落（そんなものはないかもしれませんが）などなくても、自分が普通ではまったく人に話せないような、恥ずかしい失敗談の一つや二つは誰でも持っているでしょう。これを、**恥を忍んで話すことで、確実に笑いを生み出すことができ、その効用は一つに留まらない**はずなのです。

まず「人の不幸は蜜の味」と言います。いくら同情はしても、人がした失敗は、基本的に自分には関わりのない世界であり、気楽に聞くことができます。

しかも、これは今から同情を求めたり、解決策を探したりというのではなく、いかに自分がドジな人間であるか、過去の話を面白おかしくすればいいのですから、少々の脚色や誇張も許されるでしょう。

また何かの目的のために説得したり、話のうまさを評価させたりするものではありませんから、話は下手でも、もたもたしていてもいいのです。そのほうがかえって、自分のドジさ加減が伝わるかもしれません。

そしてもう一つの効用は、話す自分がこの話によって笑われ、相手に優越感を与えていい気分にさせることで、自分自身がえも言われぬ解放感にひたることができるということです。

つまり、自分の失敗談は、相手を笑わせる格好の素材であると同時に、今まで何かにとらわれていた自分を、あっけないくらいケロリと解放してくれるすばらしい話題なのです。

思いもよらぬ視点に頭がフル回転〝脳細胞刺激短歌〟

「面白い人」になるトレーニングがあるとしたら、私は広い意味での「頭の体操」、つまりものの見方を変えてみる、**人と違った視点でものごとを見てみることが、もっとも有効**だと思います。

たとえば、身近なところでは、新聞の歌壇・俳壇などは、その格好の材料を提供してくれるでしょう。論より証拠。岩間啓二さんという人が、読売新聞の歌壇に投稿されていた次の短歌を見てください。

「名がなくば　誰も意識はせぬものが　この世にはある加齢臭など」

選者の小池光さんはこう評しています。

「はじめに言葉ありき。加齢臭という言葉が出現して、突然カレイシュウを意識しだした。それまではただのおじいさん、おばあさんがいただけだ」

言われてみると本当に、「そうだそうだ」と膝を打ちたくなる発見です。

じつは、この岩間さん、以前から私が「面白い人」と目を付けていた人だったのです。

かつてインターネットをはじめたころ、面白いホームページを物色していて、もう傑作としか言いようのないサイトを見つけたのが、岩間さんのページでした。

「おバカの世界」と言ってじつにバカバカしいページなのですが、このおバカを生み出す類まれな才気・才能に感心します。知り合いの出版社に話したところ、作者に連絡を取って、このページを本にまでしてしまいました。

その後、たまたま見ていた読売新聞の歌壇で彼の名を見つけたときは、まるで旧友に会ったようにうれしかったものです。仙台の靴屋さんの経営者で、今は引退されていますが、その類まれな発想力・着眼点は、依然健在です。

彼の作品は、読売新聞だけではなく日本経済新聞にもしばしば掲載されていますので、いくつか拾ってみましょう。つぎの「穂村弘選」が日経、「小池光選」と「俵万智選」が読売です。

*トクガワと順番待ちの表に書くファミレスの昼　この前はオダ（穂村弘 選）

【評】平和すぎる「ファミレスの昼」から戦国武将への飛躍の面白さ。その裏で天下統一への「順番待ち」が微かに匂ふ。

*ブータンに数パーセントゐるらしい幸せでない少数の人（小池光 選）

*雪かきをすれば下校の子供らは　雪ある道をえらび歩きぬ（俵万智 選）

【評】せっかく歩きやすくしてやったのに、わざわざ雪のところを行く子ども。大人と子どもの対照が、的確かつ楽しい。

*昨日まで我が歯磨きし歯ブラシで　今日は便器のヘリを磨きぬ（俵万智 選）

*夕焼けを境界とした夜と昼　日本は赤い帯を巻いてる（俵万智 選）

【評】視点の大きい歌だ。夜と昼の間に赤く染まった空を帯ととらえた感覚が、非常にダイナミック。

*「君だっていつか抜かれる時がくる」東京タワー呟いている（俵万智 選）

【評】何事も一位の席はいつか明け渡さねばならない。それがこの世のさだめというものだ。東京タワーの嘆きが身に沁みる。

＊なにかしらこころせくことつねにあり　非常口にも緑の男（穂村弘 選）

＊どうしてもゲームしてゐるやうに見ゆ　少年二宮金次郎像（穂村弘 選）

【評】見立てが変化する面白さ。一旦そう見えてしまったら、元の世界に戻ることは難しい。

＊後足で喉を掻いてる黒猫のまねをしてみる　三日月の夜（小池光 選）

【評】猫は確かにしばしばそういう振る舞いをする。が、それを真似しようと試みる人間は、この夜のこの方一人であろう。すべては妖しい三日月のせいである。

＊指先で顔をあちこち押してみる　確かに中に骸骨がある（小池光 選）

【評】思わず、私も同じことをしてみた。同じことをさせるのは歌の力である。私にも確かに骸骨があるらしい。それがどうしたというなかれ。オソロシイではないか。

＊途中から差出人の声になる　テレビドラマで手紙を読むとき（小池光 選）

【評】いかにもこうなる。上句受取人、下句差出人。月並みの演出の最たるものだが、いつも妙に自然に聞けてしまう。

＊眠たげにずらりと並ぶつけ睫毛　マツモトキヨシ店頭の春（俵万智 選）

【評】本来は目をパッチリ見せるのがつけ睫毛の役割だが、売られている状態は確かに眠そうだ。小さな発見と春の気分がうまく寄りそった一首。

いかがですか？　ときにこっけいでいて、鋭い観察眼に感心されたのではないでしょうか。

そうそう、そう言われればそうだと**再発見させられ、鈍った頭が刺激される**、言うなれば〝脳細胞刺激短歌〟のようなものだと、私は思っています。

こうした目の付けどころ、着眼点の面白さは、「面白い人」になるための必須条件とも言えそうです。

子どもに教えられハッとする「面白い」見方

視点の違い、着眼点の面白さという点では、大人よりむしろ子どもの発想法に、ハッとさせられることがしばしばあります。

これも、いろいろなところでお話ししたり、書いたりしたことですが、話すたびに皆さんが感極まってくださるので、やはり「面白い人」の話題としては外せません。

元フォークデュオ「あのねのね」の一員で、今、山梨県河口湖近くの富士山麓に「森と湖の楽園」を経営している清水國明さんが、テレビの番組で話されていた彼のお祖父さんと、彼の娘さんとのエピソードです。

高齢のお祖父さんが、明日をも知れぬ容態になったので、親族が続々と、ひそかに葬儀の用意もして集まりました。ところが、一日過ぎ、そして二日、三日と過ぎたのですが、なかなか老人は息を引き取りません。

お祖母さんは、「おじいさん、そろそろ往生してくださいな。皆さんに迷惑でしょ」と言いたそうにし、小さい子どもたちも、だんだんじれてきて廊下を飛び回っています。

そしてついに、清水さんの娘さんがお祖父さんの部屋に来て言いました。

「おじいちゃん、まだ？　まだなのー？」

大人たちはぎょっとしました。清水さんはあわてて娘さんの口をふさごうとしました。

しかし、**娘さんの次の言葉に、大人たちはハッとし、息を呑んだ**のです。

「ねえ、おじいちゃん、まだ？　まだよくならないのー？」

清水さんには、後で人を介して、このエピソードを確認しましたが、まさにその通りの実話だそうです。

口に出しては言いませんが、これ以上臨終が長引いてもらっては困るという大人の本音の裏側を、この子の無垢な一言がぐさりとついたのでした。

容態をよく知らないからとはいえ、ひたすら老人の命の回復を信じる幼心に、だれもが「ハッ」としたに違いありません。

また、飲酒運転による大事故を防ぐために、自動車メーカー側では車の側にいろいろなシステムをつくるという話題が出たことがあります。

どんなシステムなのか、たとえば、「運転者のアルコールをセンサーが自動感知すると、エンジンがかからなくなるとか……」などと、大人たちが話していたら、**小学生の息子が来て、不思議そうにたずねた**というのです。

「運転するとき、お酒を飲んだか飲まないか知るのに、どうしてそんな機械使うの？　どうして、運転する人が自分でわからないの？」

これには大人たちが完全に一本取られた感じでした。

似たような話ですが、福沢諭吉の原著、英語和訳『開口笑話』の中の一編（原文は英語と文語）にこんな話があります。

先生「昔むかし、ノアの箱舟に乗せられた動物のほかは、およそ生きとし生きるものすべてが、洪水のために死に絶えたんだよ」

一心に聞いていた疑り深いトミー（Doubtful Tommy）が質問した。

「へえ、魚類も死に絶えたんですか？」

先生の答えは書いてありませんが、**おそらく目を白黒していた**のでしょう。

かつて『頭の体操』第2集に載せた問題を思い出します。このスタイルで書きなおすとこんな感じになるでしょう。

先生「神は人類最初の男アダムを、土をこねて作られた。そして最初の女イブは、アダムの肋骨を一本とってそれで作られた。これがそれを描いた絵だよ。今の人間とまったく同じ体をしているが、彼らは人間の両親から生まれたのではなく、こうして神がおつくりになったのだ」

この裸のアダムとイブを見て、トミーが言った。
「先生、ではこのアダムとイブについているおへそはなんのためですか？」
こうして「面白い人」的発想は、**子どものほうがよい教師になりえる**のです。
子どもにおばあちゃんなどが加わると、また話題が発展します。
孫「天国ってどんなところ？」
おばあちゃん「天国はすごくいいところみたいだよ」
孫「どうして知ってるの？」
おばあちゃん「だって、行った人がだーれも帰ってこないのだからね」
孫「あ、そうかぁ」

「死者は天国からの使者」であり、「報せのないのはいい報せ」という諺《ことわざ》どおり、「帰ってこない」のは「いい報せ」、「誰も帰らない」ことによって、「素晴らしい場所」という「いい報せ」をもたらしてくれているのでしょうか。
きっとこの子の好きなおばあちゃんも、まもなくこの世を去ってしまうでしょう。でもそのとき、この子がふとこの言葉を思い出したら、きっと悲しみの中にも心安らぐ温かな思いがこみ上げてくるのではないでしょうか。

面白い人は、ゲラゲラと人を笑わすよりも、もっと深いところで、たとえばこの死という厳粛な事実の前で、この孫とおばあちゃんの会話のように、**ふっと私たちの心を和ませてくれる**はずです。

いずれも、私の親しいジャーナリスト・柳下要司郎さんが、『人生の穴うめ名言集』（幻冬舎）や、私が監修した『イキな大人の言葉の体操』（学研パブリッシング）の中で紹介しているエピソードです。

期待を裏切って人を動かす、粋な返し方

『イキな大人の言葉の体操』の中では、こんなエピソードも紹介されています。これもまんまと相手の期待や予想をいい意味で裏切って、快いサプライズを与えていないでしょうか。

若い二人の結婚話が進み、親同士は初対面でしたが、娘の親が相手の親に、ちょっとだけ娘自慢を、と言いながらこう話しました。

「何のとりえもない娘ですが、親バカで、ただ一つだけ、これだけは大したもんだと自慢できるところがあるんです。それは、この彼を選んだということです」

「娘自慢かー。まあいいや聞いてやろう」くらいに思っていた、**聞き手の期待を見事に裏切って、じつは最終的に「彼」と、その両親を持ち上げている**のでした。

相手の期待を裏切るという意味では、年齢を聞かれたときの、こんな答え方も「面白い」と思います。年齢を聞かれたとき、正直に答える必要がなかったり、失礼な聞かれ方をしたりしたときの答え方です。

「えっと、失礼ですがお年は?」と聞かれたら、まず、「いくつに見えますか?」と聞き返します。そして、相手が「そうですね、いくつかなー」と答えはじめる前に、機先を制して、「二つでしょう。一つに見えるでしょう」と答えます。

おそらく相手はあっけにとられて、絶句しているでしょうから、

「一つに見えるのが正常で、二つ以上に見えるとしたら、あなたの目か頭のほうがおかし

いか、老化しているということです」と続けるのです。

世の中には、人も皆、自分と同じ関心を持っていると思い込んでいる人がいて、血液型なども、いきなり「あなた何型?」と聞かれることがあります。

そんなときも、いちいち付き合う必要はないので、ときどきそういう人をからかって、「あなた、何型?」と聞かれたら、「小型」とか「ワンボックス型」「やせ型」「Y型」など、車の型や体型ではぐらかしたりします。勘のいい人なら、すぐ反省して、誰彼かまわず「何型?」と聞くことはなくなるでしょう。

「面白い人」には、こうしたちょっとした世直し、と言ったら大げさですが、**教育的指導**を、角を立てずに行って、溜飲を下げる役目もけっこうあるようです。

無意識に出たひと言が、その人の本質を表す

自分のことを「面白い人」だなんて、露ほども思っていないのに、接する人が皆、幸せになったり、癒されてしまったりする。そんな人も世の中にはたくさんいます。むしろそ

んな人のほうが、「面白い人」としては達人なのかもしれませんね。

たとえば、これも『言葉の体操』に紹介されていた、コンビニのレジ係のお話です。


あるお客が弁当を買おうとしてレジに向かったとき、定価が四五〇円だったので、一〇〇円硬貨四枚と、五〇円硬貨一枚を出したつもりでした。ところがどうやら一〇〇円硬貨のつもりで出した一枚が、五〇円硬貨だったらしいのです。

他の客のいる前で、

「あのー、お客さん、まだ五〇円足りませんが」

と言われたら赤っ恥をかくところですが、そこの若い女性店員はこともなげにこう言いました。

「はい、おあと五〇円になります」

さっと出たセリフでしたが、このお客さん、「いやー、助かりましたね」。

あとで調べたら、**マニュアルにはまったく載っていない応対だったそうですから、この**レジ係の女性の気働きだったのでしょう。

読売新聞の家庭とくらし面に連載されている「こどもの詩」は、ときおり大人には予想もつかない視点を示され、ハッとさせられます。

もっとも有名なのが、一九八二年掲載の「ボクね、ママにあいたくてうまれてきたんだよ」という「詩」ですが、一九八七年六月二十四日に掲載された、「おとうちゃん大好き」という作品も大変「面白く」しかもほろりと心を癒してくれます。

「おとうちゃんは／カッコイイなぁ／ぼく　おとうちゃんに／にてるよね／大きくなるともっとにてくる？／ぼくも／おとうちゃんみたいに／はげるといいなぁ」

頭のてっぺんから足のさきまで、**父親を敬愛する息子の自然なひと言が、これほどの傑作となって人の心を打つ**のです。

おそらくこの子は、父親がはげていれば「はげるといいなぁ」と言い、太っていれば、「ふとるといいなぁ」と言ったに違いありません。

こうまで言われて、父親は、大いに照れながらも、どんなにうれしかったことか。世界一の幸せを味わったことでしょう。

雑誌「文藝春秋」（二〇一三年三月特別号）の「この人の月間日記」欄に、印象的な記事がありました。毎年末に「今年の字」を書くことでも知られる清水寺貫主《かんす》・森清範《もりせいはん》さんの日記です。

師は、この年の元旦、観音の「慈悲心」を隙のない自由自在な心であると記しました。そして、そうした心は、誰もが本来持っているものであると言います。

その例として師が挙げられた、小学生の女の子の話に打たれました。

彼女は、深い穴に落ちた友だちの危急を告げに走ってきて、こう言ったといいます。

「友だちが高い穴に落ちた！」

えっ、深い穴じゃないの？　と聞きたくなります。穴を上からのぞけば、たしかに深い穴です。しかし、落ちた子が怯える目で見上げた穴は、どう見えたでしょうか。

穴に落ちた女の子を助け上げた先生たちは、少女の言葉を指して、「高い穴ではなく深い穴だよね」と口々に言い合ったといいます。しかし、一人、担任教師だけが、「それでいい」と言ったそうです。

森貫主に言わせれば、大部分の大人の訂正は、それこそ、自由な心を失い、観音の慈悲心を忘れてしまった証だという。少女は、無意識のうちに落ちた友だちの身になって、「高い穴」と言った。慈悲心に目覚めていたということです。

私たちの目指す「面白い人」というのは、本来そうした自由な、とらわれない心の持ち主のはずです。人間が本来持っているはずのこうした心を、我々大人はいつ自覚しなくなってしまうのでしょう。

でも、現在の大人も捨てたものではない、と思わせる例があってほっとします。

北京でパラリンピックが開催されたとき、車椅子で出場した伊藤智也選手が、男子400メートル、800メートルで金メダルを獲得しました。

記者に感想を聞かれた伊藤選手の答えに、胸をつかれました。

「今までの人生で五番目にうれしい　子どもが四人いるので……」

いいですねー、このセリフ。これまた**自然な自分の気持ちの正直な表出が、この「面白さ」を生んでいる**のです。

金メダルの喜びを、「人生最高」とか「今までで一番」と言う人は多いでしょう。しかし、その喜びも、愛する子どもの誕生と比べたら、順位は下がる。しかもその子が何人いようとも、そちらが上である――。そのことを、期せずして伝えているのです。

このように、私たちの周辺には、有名無名、たくさんの「面白い人」「面白いエピソード」があります。しかも、ことさらに「面白い人」と意識していないで、知らないうちににじみだしてくる「面白さ」、そうした何気なさ、さりげなさも「面白さ」の一つの重要な要素だと思います。

ぜひあなたの日常の中で、こうしたさりげない「面白さ」を拾って、あなたの「面白い人」への道を豊かに実らせてください。

「面白さ」は、人に話したくなるかどうかで決まる

この章の最初に紹介した「キョウヨウ」と「キョウイク」のエピソード以上に、私が話したことが広がった例に、次の話があります。これは、仕事でも勉強でも、**とくに行き詰まった会議などで、固くなった頭をほぐすのに最適な話**なのです。

現に新しい出版の企画で、若い人たちが何人か集まり、ブレインストーミングをしていたとき、皆さん疲れたのか、話が弾まなくなってきました。

そこで私がちょっと口を挟みました。

——あのね、ロシアには猛毒の蚊がいて怖いんですが、ただ動きがのろいのでめったには刺されないんだそうです。そののろいロシアの蚊の名前はわかりますか？（と、すこし考えさせてから）

そう、「とろい蚊」（トロイカ）ですね。

そして万一その蚊に刺されても、その蚊の毒にすごく効く特効薬の注射があるそうです。その注射の名前はわかりますか？（と、すこし考えさせてから）

そう、「蚊注射」（カチューシャ）ですね。——

バカバカしいと言ってしまえばそれまでですが、そのバカバカしさが、こんな場合に大いに効果があるのです。

出題したあと、**しばらく真面目に考えさせるところがミソ**です。そして一瞬ののち、答えを言うと、真面目に考えた人ほど、「ひどい〜！」と言いながら、それでも大笑いになります。しかも、「ひどい〜！」と言われるほど、この会話は大成功なのです。

なぜならば、それほど今まで使っていた頭の文脈と違う、異質な空気が、疲れた彼らの脳ミソに新鮮な風を送るのです。実際、このジョークに限らず、こうした私のたくらみによるいくたびかの大笑いのあと、彼らの議論はまた活気を取り戻し、後のヒット作の誕生につながったのでした。

このネタ元は、私の敬愛するマジック仲間ですが、今やいろいろなところで披露した影響が出て、中には発信元の私に、「先生、こんな話知っていますか？」と、得々として「ロシアの蚊」ジョークを話した人もいたくらいです。

つまり、ここで一つ言えることは、「面白い人」の「面白さ」は、ほとんどの場合、聞いたその日から人に話したくなる、逆に言えば、**人に話したくなるのがその「面白さ」のバロメーターである**、ということです。

あの大ベストセラーになった『頭の体操』は、まさにこの特徴を、他に類を見ないほど色濃く持っていました。思いもかけぬ答えに「やられた！　なるほど」と思った人は、すぐ人に話したくなります。話した相手は、同じように「やられた！」と思い、やはり他の人に試したくなります。

こうして人から人へ、親から子へ、子から親へ、男性から女性へ、恋人から恋人へ……

延々と「話したくなる」人の連鎖ができ、世代や地域を超え、時代までを超えて、多くの人を面白がらせることができたのです。

もちろん「頭の体操」だけではありません。こうして人に話したくなるような、聞いたり見たりした人が、**また人に話したり見せたりしたくなるような、そんな話や行動こそ、「面白い人」「面白い生き方」につながっていく**ものだと、私は改めて痛感しています。

考えてみたら、私が長年続けてきた「心理学的人間観察」も「マジック」も、そしてもちろん「頭の体操」も、まさに人に話したい、人に見せたいものばかりでした。

そのお蔭で私も「面白い人」の仲間入りができ、しばしば講演会やテレビ番組へ呼んでいただけるようになったのだと思い返しています。

この本で、そのご報告をしつつ、その中から読者の皆さんが自分と周囲の人を幸せにする「面白い人」になり、「面白い生き方」をするためのヒントを見つけてくださったら、著者としてはこんなにうれしいことはありません。

さあ、あとの章にもたくさん出てくる「面白い人」「面白い生き方」の実例を参考に、あなたもあなた流の「面白い人」「面白い生き方」に向けて、ますます磨きをかけてください。

第3章

人生の達人に学ぶ「やわらか頭」の作り方

この章では、まだまだ紹介しきれない「面白い人」の中から、長短さまざまなエピソードを拾い、「面白い生き方のお手本になる面白い人」の実例を、挙げられるだけ挙げていきましょう。

「おい癌め」と面白い辞世の句で、面白い人生を閉じた――江國滋さん

辛いときや悲しい目にあったとき、人はともすると、自分の殻に閉じこもってしまいます。世の中の人々が皆、**自分よりも幸せであるような気がして、そこから目をそむけてしまうのです。**

その点で言えば、がんで亡くなった江國滋さんの生き方は立派で見事なものでした。マジック好きという共通点があったことや、同じ日本テレビ番組審議会の委員を務めていたことから、親しくお付き合いをさせていただいていました。

江國さんは、俳句もお好きで真摯に学びつづけ、日経新聞の俳壇の選者を務めるほどの俳句名人でもありました。そんな江國さんの辞世の句は、ご存じの方も多いかと思いますが、

「おい癌め酌みかはさうぜ秋の酒」

でした。

辞世の句というのは、死を覚悟したときに作るものです。したがって、これは一種の敗北宣言と言えるのかもしれません。江國さん自身が、この辞世の句をそのままタイトルにした遺作『おい癌め酌みかはさうぜ秋の酒』（新潮社）の前書きで「敗北宣言」と書いています。

当時私は、江國さんも委員だった日本テレビ番組審議会の委員長になっておりましたので、言わば委員会の代表として、病室の江國さんを見舞ったわけですが、その厳しい闘病生活を垣間見ることになりました。

そのとき直感的に、「生きられるのは今年の夏まで」と、末期がんのすべてを告知されていたと思われる江國さんの気持ちが痛いほどわかりました。おそらく、くじけそうになるご自分との闘いだったと思います。

ただ、敗北宣言である割には、そこには、そこはかとなくユーモアの雰囲気がただよっています。江國さんは、最後までサービス精神を忘れず、全国の愛読者や俳句愛好家の方々に、**作家の笑顔が感じられるような句を残しておきたい**と考えられたのではないでしょうか。
おそらく、江國さんも、こよなくユーモアを愛した人だったのでしょう。この句の意味はむろん、「おい、にっくきがんよ。君は私の命を夏の終わりまでに奪ってやろうと思っているようだが、せめて秋まで延ばしてくれないか。そうすれば、二人で秋の月でも眺めながら、仲よく酒でも飲み交わせるじゃないか！」

『おい癌め酌みかはさうぜ秋の酒』を読むと、江國さんがどれだけ見舞い客に励まされ、また見舞い客を楽しませようとしたかがよくわかります。私は、涙を流しながらこの本を読みました。江國さんは、**痛みや不安の中、ユーモア精神を忘れなかった人だった**と感心しきりだったのです。

そのユーモア精神は、江國さんが得意にされていたカードマジックに遺憾なく発揮されていました。私自身も手品師（？）でしたので、私たちは、器用なカードさばきと楽しいおしゃべりの両方を楽しみ合ったものです。

おしゃべりも手品も、江國さんのほうがやや上手だったのは認めるとしても、一応二人ともプロ級だったと言っておくことにしましょう。

また、江國さんが亡くなったのは一九九七年八月十日で、この辞世の句は、その二日前に作られています。ですから、この句は一見、秋を迎えることができないことを嘆く無念の句に思えます。

しかし、考えてみれば、一九九七年の立秋は八月七日、暦のうえでは秋になっていました。ですから、死に行く自分を無念に思いつつも、がんとともに秋を迎えることができたことに慰めを見出したのかもしれません。

この句にただようユーモアには、そんな江國さんのささやかな喜びも加味されているような気がしてならないのです。

苦しいときほど大切なものはユーモア精神です。それは**楽しく生きたいという意志の表れ**でもあります。江國さんが、暦のうえとはいえ、秋を迎えることができたのも、このユーモア精神があったればこそだったのではないでしょうか。

人心掌握の天才だった——田中角栄さん、小泉純一郎さん

あるとき、ソニー創業者の井深大さんに誘われて、田中角栄さんの霞ヶ関の事務所をお訪ねしたことがあります。そのとき、私は言わば、井深さんのお供のような形でした。

ところが、部屋に入ったとたん、椅子に座っておられた角栄さんは、「やあー！　先生どうも！」と言って立ち上がり、井深さんをさしおいて、私のところへ先に駆け寄って握手をしてくださったのです。

そこが角栄さんらしいところです。井深さんとはもう親しいからというので、はじめての客である私を尊重してやろうと思われたのでしょう。これが人付き合いの「コツ」なのだと、心から感心させられたのを覚えております。

この角栄さん独特の人心掌握術は、角栄さんの選挙区でも十分発揮されていました。私は、田中さんの選挙区である新潟へ行って、地元の方の話を何度か聞きましたが、みんな感動していました。

角栄さんが、「オトッツァン元気でいる？」「よー！　おっかさんどうだい？」などと声をかけてくれるからなのです。角栄さんは、おそらく、**大勢の相手の両親のことまで知りもしないはずなのに、よく知っているかのように声をかける**のです。

相手は、角栄さんのような偉い人にそう言われると、「父や母のことまで心配してくださっている」と思ってしまうのでしょう。

私は、心の底から、「参った」と思いました。巧みな人心掌握術と言うべきでしょう。

それが人気の秘密だったのです。

その点では、娘の真紀子さんも同じでした。たとえば、私が福島で講演してホテルで一泊し、朝食をとりに行ったときのことでした。ちょうどそこにいた真紀子さんが、さっと近づいて来て、初対面の私に、「あらあ、先生、ここに来てたの？」と話しかけてこられたのです。

「うちのだんなが選挙演説でちょうど来てたの。先生が来てるって知っていたら、何か話していただけばよかった、残念！」

なんて言われたら、やはり悪い気はしません。こういう、**人をそらさないというところは、親譲り**でしたね。悪評も目立つお二人でしたが、私にとっては本当に面白い親子でした。

後代の政治家で、角栄さん並みの「面白い人」と言えば、小泉純一郎さんをおいて他にないでしょう。

私は、小泉純一郎さんとは、さまざまなパーティでお会いしていた他、掛かりつけの鍼灸師さんが一緒など、知らない仲ではありませんでしたが、いつも挨拶程度で、政治談議をしたことも、親しく談笑したこともありませんでした。

しかし、「面白い人だな」と思ったことは山ほどあります。

第一に思い出すのは、私が浜松のお寺に呼ばれて講演をしたときのことでした。講演会が終わってタクシーで駅まで来ると、ものすごい人だかりです。仕方がなく遠回りをしながら運転手さんに聞いたら、小泉さんも講演会に来ていて、それが終わり、今駅に到着するところらしいというのです。

運が悪いことに、**小泉さんと私は同じ時間の新幹線に乗る予定になっていて、しかも車両も同じだった**のです。ですから、私が乗り込もうとしたら、警官に止められてしまいました。「まもなく、総理がお見えになりますので、今お乗せするわけにはいきません」と言うのです。

仕方なく、大勢の他の乗客とともに待っていました。そこへ現れた小泉さん、まんざら知らない仲でもないし、と思いながら軽く挨拶した私を認めるなり、大きな声で、「イヨー!! 先生しばらくでしたー!」と言いながら飛んできたのです。これには驚きました。

そして、私が、

「ご苦労様です。応援していますから頑張ってください」

と言うと、小泉さんは、

「頑張りまーす！」

とおどけて返事してくれたのですが、**そのとき私もつい小泉さんに乗せられて、右手でパチンとハイタッチ**をしてしまいました。その後、乗車した私の後ろの席に座るや、小泉さんはすぐ眠りこんでしまいました。

この車両に乗っていたのは、私以外はほとんどがマスコミ関係者だったようで、さきほどの情景を見逃しませんでした。「小泉さんと大分お親しいようですが、どんなご関係ですか」などと質問されて当惑したものです。

私が正直に答えると、彼らは笑いながら「さすが役者ですねえ」と言っていました。

このように、わずかな面識をも最大限に利用するのが、小泉さんの人心掌握術であり、人に「面白い人」と思わせるポイントだったのでしょう。

小泉さんと言えば、もう一つ印象的だったのは、大相撲の貴乃花親方が横綱時代に、ケガをしながら優勝をはたしたときのことです。小泉首相（当時）は、四十・八キロもある総理大臣杯を渡すとき、自ら土俵に上がり、「足の痛みに耐えてよく頑張った。感動した！」という言葉を発して、今度は聞き手を感動させました。

総理大臣杯の授与は、代理が来ることが圧倒的に多いのですが、じつは歴代総理の中で麻生太郎さんも安倍晋三さんも直接、授与したことがあるのです。しかし、これまで小泉さんほどの強烈な印象を残した人はいません。

こうした場面で「面白い人」という評価を受けることができたのは、やはり**小泉さんの人心掌握術のなせる業だった**のでしょう。

私は、このときの小泉さんを見て、いい方向か悪い方向かはわからないけれど、「この人はきっと世の中を変える人だ」と直感していたのです。

逆さに読んでも同じ名を、娘にまで付けた大建築家——清家清さん

私は学生時代から、当時、東工大教授で心理学の大家であった宮城音弥先生の研究室に、足しげく通っていました。「私は何としても、先生の研究室に入れていただきたいのです」と訴えていたのです。

すると宮城先生は、「今すぐ私の研究室にというのは無理だけれど、心理学者と仕事をしたいと言っている若い建築家がいる」と言って、紹介してくださったのが清家清さんでした。

「清家清」とは、**一度知ったら絶対に忘れられないお名前**ですよね。私も、清家さんのところへ行って開口一番、

「清家さんのお父さまは、よほど面白い方だったんですね。こうして上から読んでも下から読んでも清家清とは、コマーシャルの〝上から読んでも山本山、下から読んでも山本山〟よりずっと先輩で……」

と言ってしまいました。清家さんに二番目のお嬢さんが生まれたのは、私が清家研究所に入った翌年でした。清家さんは、私に、「いい名前をつけたよ」と、茶目っ気たっぷりに教えてくれました。

「清家いせ、上から読んでも下から読んでも〝せいけいいせ〟いい名前だろう」

清家清さんといえば、知る人ぞ知る大建築家です。面白いお父さんからは面白い子どもさんが生まれるものです。清家さんのところでは、いせちゃんの次に生まれた息子さんである篤さんが慶應義塾大学の塾長をやっておられます。

面白い家庭には、優秀な子どもさんが育つのかもしれません。ものごとを面白がる余裕は、そういう土壌を育むのではないでしょうか。

その後、何年かしてＮＨＫの番組で対談をしたりもしましたが、やはり「面白い人だ

な」と再認識しました。

清家さんは建築の専門家なのに、ご自分のお宅はけっして自分で設計せず、すべてお弟子さんに任せておられました。そればかりか、ご自分の部屋というか遊びの部屋として、なんとJRの貨車を一台買い、自宅まで運ばせ、それを少し高いところに乗せて、階段で上がっていくようにしていました。

彼がフランスへ行ったときは、あちら製の台所のシンクをすっかり気に入ってしまい、軽井沢の家のリビングの真ん中にぼん！ と置いてしまったのです。

それを見た私が、奥さんに「これは大変でしょう」と言うと、奥さんは、「そうなんですよ。こんなに大きなものを真ん中に置いてしまうので、部屋がすっかり狭くなっちゃって……いくら反対しても聞かないいんです」と困っておられました。

また、奥さんは、「これだけ広い家なのに、洗濯場がないんです」と、洗濯機を置く場所がないことを嘆いておられました。そこで、私は、「洗濯機を置く場所ぐらい作ったらどうですか」と清家さんに言いました。

すると、「そう言えばそうだね」と、はじめて気づいた風で、次に行ったら、ログハウスの本宅の隣りに別棟で作ってありました。洗濯場というのに、屋根などに凝った洒落たものになっていて、本宅より高くついたと笑っておられました。

結局、彼は建築家と言うよりは芸術家だったのでしょう。ひと言で言えば、「建築家の枠をはみ出した面白い建築家」だったんでしょうね。

旅行中でも突然〝調査魔〟になって姿を消した作家――新田次郎さん

新田次郎さんは、作家として自立するまで、中央気象台の職員でもありました。仕事柄なのか、そういう性格だから、こういう仕事を選ばれたのかわかりませんが、私が覚えている新田さんは、とにかく並はずれた「調査魔」でした。

『八甲田山死の彷徨』や『聖職の碑《いしぶみ》』などの山岳小説が好評を博したのも、この「調査魔」ぶりの結果であり、**山好きの現皇太子の愛読書になっていた**のも頷ける気がします。

たとえば、私は、講演会で新田さんとご一緒することがよくあったのですが、神戸に行ったときのことでした。

講演の前に、二人で海辺を散歩していると、ぱっと立ち止まった新田さん、「多湖さん!! この木を知っているか？」と言いながらしきりに首をかしげています。私が知らないと答えると、「おかしい。この木は水を嫌う木なのに、どうして水辺に近いところに植えているんだ」と言いだされます。妙なことに関心を持つ面白い人だと思いました。

それが、ただ関心を持っただけではないのです。私が講演をしている一時間ほどの間に、新田さんは、役所へ行って全部調べ上げていました。

また、歴史の話もよく聞かされました。当然のことかもしれませんが、鎌倉時代や戦国時代の武将のことなども、じつによくご存じで、初代の殿様は頑張って偉いけれど、二代目になると覇気をなくしてダメになるとか、さまざまユニークな持論の持ち主でした。その裏づけを取るために、**どこへでも調べに飛んで行く行動派の人**でした。

『武田信玄』や『新田義貞』など、もう一つのジャンルで活躍できたのもまた、まめに行動して調べる「調査魔」の要素をたくさんお持ちだったからでしょう。

イタイイタイ病の原因をつきとめた萩野医師を描いた『神通川』も綿密な調査があってこそ、多くの人の心を動かしたのです。足で稼いだ豊富な知識をもとにしているので、話術にも長けていました。

私を日本文芸家協会に誘ってくださったのも新田さんでした。「あなたのような税金の納め方をしているのはバカだからやめなさい」と言われたような気がします。

たしかに、協会では、取材にかかった経費を申告すれば節税できることなどを教えてくれました。それも、行動力のある新田さんのお蔭と感謝しているのです。

笑わせるだけでなく、泣かせる話の名人だった作家——向田邦子さん

私は、講演旅行などで、作家・脚本家の向田邦子さんとご一緒することがありましたが、何より感心したのは、その巧みな話術でした。

たとえば、ふつう、講演会で人を笑わせることは多くの講師ができるのですが、五百人以上の聴衆を泣かせることなどできないものです。それが彼女は、**笑わせつつ、泣かせてしまう**んです。その点では、私もカブトを脱がざるを得ませんでした。他の追随を許さない圧倒的なうまさでした。

きっと、私よりずっと人間に対する洞察力があり、人間の悲しさや面白さを熟知していたのだと思います。飛行機事故で亡くなってしまうなんて、ほんとうに惜しい人を亡くしたものです。国家の損失と言っても過言ではないでしょう。

じつは、私は、あの事故の一週間前に台湾で同じ飛行機に乗っていたのです。そのとき、

「この飛行機、危ないなあ、近いうちにほんとに落ちるんじゃない？」と言っていたら、それが現実になってしまったのです。そういう意味でも、私にとっては二重三重のほんとうに衝撃的なできごとでした。

演出家の久世光彦《てるひこ》さんがお元気だったころ、毎年夏になると向田邦子さん原作、久世さん演出のドラマが放映され、私はそれが楽しみでした。戦時中の家族を描いたこのドラマには、戦争にまつわる悲しみは当然描かれていました。しかし、**どこかユーモアがただよっていたのは、人間が本来持つ可笑しみも同時に描かれていたから**でしょう。

向田邦子さんの書かれた小説やエッセイにも、そうしたこっけいさが感じられ、私は「こういうことよくあるある」とその洞察力に感心したものです。

それはおそらく、向田さんご自身が、面白いことを面白がるだけの面白さをお持ちだったからでしょう。親友だったという黒柳徹子さんも、「人間がまず面白い人だった。次々に新しいものを見つけてきて。稀有《けう》なお人でした」と語っておられます。

重病でも講演を引き受けてくれた優しい漫画家——手塚治虫さん

手塚治虫さんの本名は、手塚治です。それに虫という字をつけたのは、昆虫の「オサムシ」がお好きだったからです。

「オサムシ」は甲虫類に属していて、美しい色を持つものもあるきれいな虫です。手塚さんは、最初は自分の名前を「オサムシ」と読ませていたのですが「氏」をつけると「オサムシシ」になってしまうので、オサムに落ち着いたようです。

彼が、小学校のころに描いた昆虫標本が残っていますが、その精巧な描写を見ると、手塚さんの天才ぶりがわかると思います。いずれにしても、名前に虫を入れるとは、手塚さんらしい発想です。

何かに熱中することを「本の虫」とか「勉強の虫」とか言いますから、「漫画の虫」になって、**漫画界の虫たちの頂点に立ち、漫画界の虫たちを治めようかという茶目っ気からだったの**かもしれません。それは、冗談ではなく、現実になり、彼は「漫画の神様」と呼ばれるようになりました。

私が『頭の体操』の中で、「あらゆるものを溶かしてしまう液体を考案したという人がいるが、それを保存する容器はあるのか」という問題を出題したことがありました。

すると、ある会でご一緒した手塚さんが、「多湖さん、宇宙空間も考えておいたほうがいいよ」とおっしゃいました。つまり、無重量空間の中では容器を必要としないというわけです。正直、私よりはるかに自由な頭の持ち主だと感服させられました。

その後、私が校長をしていた千葉大学教育学部附属小学校から「ぜひに!!」と頼まれて、手塚さんの晩年に講演を依頼したことがあります。

電話に出られた手塚さんは、体調がよければ行きますと快く引き受けてくれました。ところがその直後、事務所から、手塚さんの体調がひどく悪く、講演会には行けないと思いますという連絡が入りました。

手塚さんが亡くなったのは、それから間もなくのことでした。私は、大変申し訳ないことをしたと思うと同時に、**体調の悪さを押してまで来てくださろうとなさったのかと、その優しさが身にしみた**ことを覚えています。

じゃがいもを洗濯機で洗った家事評論家――犬養智子さん

犬養智子さんとは、私が仮の学長を務めたキッコーマン主催の「奥さま洋上大学」という女性対象の企画で講師をお願いし、他にも小野清子さんや、やなせたかしさんとご一緒に、ハワイまでの船旅をしたときに親しくなりました。

洋上大学の全日程は十日間ほどで、さまざまな企画を楽しみました。私が大変面白いと思ったのは、家族と離れてお一人になった若い奥さま方の見事な変貌ぶりでした。

奥さまたちは、見送りに来たご主人や子どもたちと、テープカットなどしながら涙で別れたばかりなのに、それをあっという間に忘れ？ 外国人の男性とダンスなどを楽しんでいました。皆さん、解放的になっていたのは確かです。

数ある企画の中で、一同が笑いころげたのは、ハワイに着く直前の夜、**やなせたかしさんが披露してくださった壁いっぱいの大きさの漫画**のアトラクション。

テーマは、「皆が乗っている船が岩にぶつかり難破し、講師一同が辛くも無人島に上陸した後の生活」という状況を設定し、私が、難破船がたどり着いた島の首長になり、その扮装をして寸劇をやっている、という漫画を発表されたのです。

発表者はむろん、講師をお願いしたやなせたかしさんです。私は、椰子の木の下にどっかり腰をおろしている首長となり、犬養さんの姿が見えないので、「犬養はイヌかい？」と駄洒落を飛ばしていましたが、犬養さんがじっさいは何の役だったか忘れました。

もっともご本人はその名に反し、イヌ派でなく熱狂的なネコ派で、『猫の辞典』などの著作もあるくらいですから、「イヌかい？」には憤然とされたかもしれません。「違うわよ。ネコ飼いよ」と反撃してくれれば面白かったと思いますが……。

犬養さんは、五・一五事件で暗殺された元首相・犬養毅の孫と結婚（その後離婚）された方ですが、専業主婦におさまる人ではなく、アメリカの大学を卒業後、シカゴ・デイリーニュースの記者を務めておられました。

私が知り合ったころは、『家事秘訣集――じょうずにサボる法・400』（光文社）がベストセラーになっていて、すでに評論家として有名でした。

この本には、たとえば、「じゃがいもは洗濯機で洗うほうが早くきれいになる」「オムツは、最高に清潔なものだから、ふきんにしましょう」など、**斬新なアイデアが満載**されていました。

「とんでもないこと」と、眉をひそめるベテラン主婦もいたようですが、どれも当を得た主張なので、ベストセラーになりました。

全自動洗濯機と紙おむつが当たり前になった現代では通用しないことですが、今だったら、どんな新しい家事の秘訣が考えられるのか、八十四歳になられたはずの犬養さんに伺ってみたいものです。

カツラを平気で告白した往年の二枚目スター——上原謙さん

戦前の映画界を代表する二枚目俳優の上原謙さんは、まさに、映画スターと呼ばれるに相応しい人でした。それに縛られることもあったようでしたが、戦後独立してからは、文芸作品にも出演して、演技派として開眼しました。

映画スターの名前をほしいままにした人でしたが、その反面、男性用カツラのコマーシャルに出て、カツラを着けていることを平気で告白したり、お笑いバラエティに積極的に出たがったりと、面白いことを好む面も多分にあったようです。

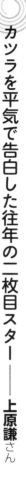

元々、**駄洒落や冗談を言うのが大好きだったらしく**、喜劇俳優の伴淳三郎と舞台でコントをやったり、喜劇映画に出たいという夢も叶えたりしていました。

私は、友人が彼のご子息（のちの加山雄三さん）の家庭教師をやっていた関係で、彼に誘われ湘南のご自宅をお訪ねしたことがあります。初対面の私を快く迎えてくださり、私が手品を見せようとしたら、「じゃあ、息子にも見せてやってください」と言って、当時まだ高校生だった加山雄三さんを呼んで、奥様の小桜葉子さんもご一緒に楽しんでくださいました。

往年のスターらしくない、気さくなそのお姿に感動したことを覚えています。加山さんがあのときの私のことを覚えていらっしゃるかどうか、いつか伺ってみたいと思っているのですが……。

真面目に感想を言うだけで笑いが湧いた歌手――島倉千代子さん

歌手の島倉千代子さんは、すごく真面目で人柄もよく、純なところがあって、皆に好かれていましたが、その真面目な物言いから、なんとも言えない可笑しさがにじみ出ていました。

講演と歌を組み合わせるという催しを松下電器がやることになって、千代子さんと同じ車に乗って、いくつかの会場を回ったことがあります。

講演と歌のあと、主催者側が、会場一杯に電気製品を並べて、抽選会をするのが人気を呼んでいつも大盛況でした。

講演では、**私が千代子さんの性格分析をして、お客を沸かせる**などしたのですが、そのあとに歌う千代子さんが、「自分でも知らなかった。私はそういう人らしいです」と言っただけで、会場が笑いに包まれていました。

ものまねのコロッケさんが、千代子さんの真似をして、しきりに首を振るしぐさをしたときも、怒りもせず、「あんなに首を振っていないわと思って、首を振らずに歌おうと思ったら、歌えなくなっちゃった」と言っていましたね。

それを大真面目に言うので、かえって可笑しくて、聞いた人はいつも「面白い！」と思ったようです。

手術前に「私の腹からは黒い血が出る」と言った大物官僚

――内海倫さん

人事院の総裁を務めた内海倫《ひとし》さんは、内務官僚として奉職し、道路交通法を作ったときは交通課長だったので、『道交法とつきあう法』という本を書かれています。

その本を書いている最中に奥さんが亡くなったのですが、**奥さんが危篤状態にあることをひと言も言わずに、本の校了作業をなさった**という話を聞いています。「男が仕事をするとはこういうことか」と、編集者たちを感動させたそうです。

親分肌の人で、東京の千鳥ヶ淵にフェヤーモントホテルがあったときには、ホテルの中に事務所を設けていて、子分として可愛がっていた若い人たちを呼んで、一杯やるのを楽しみにしていました。

私も、よくお訪ねしては、さまざまな社会問題を論じたものです。国防会議の事務局長や自治庁長官なども歴任し、東大同期の中曽根康弘さんや紀伊國屋書店社長の松原治さんと親友だったので、つねに確かな情報に基づく議論をされていました。

大物官僚として政官界に隠然たる力を及ぼしていたようですが、あるとき内臓の重病で大手術に臨むことになりました。かなり病状が進んでいたのか、**家族も医師団も重苦しい空気に包まれていた**ようです。

そんな空気を察してか、内海さんは、「この私の腹を切ったら、どんな色の血が出るでしょうな」と医者に問いかけました。医者が答えに詰まっていると、内海さんは、

「決まっとるでしょう。真っ黒な血が出ますよ」

と答えました。どっと笑いがはじけて緊張がやわらいだそうです。政財界や官僚世界の裏も表も知り、黒幕的な存在だと自認していたのかもしれません。

「大胆に根気よく」と大根で社員教育をした山種証券――山崎富治さん

山崎富治さんは、お父さんのあとを継いで、長いこと山種証券の社長を務めていた人です。中学校で同期でしたので、ほんとに長い付き合いでした。中学時代には、私がいたずらをして職員室の前に立たされたときなど、

「多湖君は、立たされていながら全然反省していないようで、ぼくらが前を通ると、イヨッとか言っておどけていた。こいつにはかなわないと羨ましかった」

などと、ほめるのかけなすのかわからないことをよく言っていました。

駄洒落が好きな人と思われていますが、元々はとても真面目で謹厳実直な人です。彼を**駄洒落好きの面白い人にしたのは、じつは私**なんです。

後に、社長室で野菜を栽培するようになったほどの植物好きで、健康にもよい野菜に語呂合わせをして社員に贈り、社員教育のタネにしました。社員を楽しませつつ教訓をたれることができるようになった彼の駄洒落を、いくつかご紹介しておきましょう。

「ほうれんそう」＝これは「報告」「連絡」「相談」が大事であることを言ったもので、後

に『ほうれんそうが会社を強くする』という本まで書いています。
「ネギ」＝「ネバーギブアップ」と言って、諦めずに頑張れと叱咤激励しました。
「大根」＝大胆に根気よく、それが成功の秘訣であると説きました。

アカデミー賞映画でも大声で「あーあ、つまんない」と
——赤塚不二夫さん

破天荒な漫画家・赤塚不二夫さんとは、親しく付き合った経験はないのに、私が漫画学校の校長をしていたためか、いつも彼に関する面白いエピソードは、私の周りにもあふれていました。

もちろん、「ウナギイヌ」とか「レレレのおじさん」などなど、誰もが思いつかないようなユニークなキャラクターを、次々と生み出した赤塚さん、漫画の世界だけではなく、私生活でもたくさんのエピソードをお持ちでした。

たとえば、親しい編集者の話ですが、赤塚さんはお酒が好きな人で、**訪問客が来ると、昼間でもウィスキーを当たり前**のように出してきました。あるとき、いつものように、目

の前にウィスキーのグラスが出されました。

ところが、いざ飲もうとした瞬間、奥さんが悲鳴を上げ、「あっ！　ダメダメ！　飲んじゃダメ！」と言います。じつは、赤塚さんが差し出した褐色の液体――それは**ウィスキーの水割りならぬ、赤塚さんのオシッコの水割りだったん**です。

当時、食道がんの治療中だった赤塚さんは、「尿を飲むとがんに効く」という「オシッコ療法」を聞いて試していたのです。奥さんが止めることは想定済みだったかもしれませんが、いたずら好きの赤塚さんらしいジョークだったと思います。

手術で小腸を食道に移植すると言われたとき、「そんなことをしたら、口からウンチが出ちゃうんじゃないの」と言って、手術を拒んだ話も有名ですが、この編集者も今では、あのとき赤塚さんのオシッコの水割りを飲んでおけば、強烈な面白い思い出になったのに、と悔やんでいました。

もう一つ、これも聞いたとたん私は手を打って喜んだのですが、大の映画好きだった赤塚さんが、偉い人の集まる試写会に出かけたときのことだそうです。

あるとき、アカデミー賞の呼び声の高い、暗い重い内容の映画を見終わり、先生方が、どういう賛辞を述べようかとシンとした会場で、赤塚さんは一人大きな声で、「あーあ、つまんなかった」と言い放ったというのです。

そして、隣りに座っていた有名な女優さんに、「ねっ、つまんなかったよね」と同意を求めて、彼女を困らせたといいます。

こういう発言は、心で思ってもなかなか口に出して言えることではありません。まして、「いい映画」という前評判の高い作品だったらなおさら、「面白いと思わない自分の見る目がおかしいのかな」と思ってしまいがちです。

しかし折り紙つきの「面白い人」、赤塚不二夫さんにとって、「面白くない」ものは誰が何と言っても「面白くなかった」のだと思います。

「面白さ」に対して、これほど率直、というよりシビアな鑑識眼を持っていた赤塚さんに、私はむしろ尊敬の念を抱きます。

そして、他人の目を気にしない赤塚さんの天真爛漫な生き方を、羨ましく思うと同時に、ここまでは私にはできないと、カブトを脱ぎました。

心理学的に言えば、こういう人は、案外シャイな場合が多く、赤塚さんも例外ではなかったと思います。その「シャイ」を突き破って出てくるからこそ「面白い」このキャラクターが、あの「面白い」漫画の源泉になっていたのでしょう。

「天職」こそ最高の投資術だと言った金儲けの神様——邱永漢さん

邱永漢《きゅうえいかん》さんと言えば、直木賞作家でありながら、「お金儲けの神様」と言われた人ですが、そのお金儲けには、邱永漢さんなりの哲学がありました。

あるとき、いろいろな金融商品や投資術がある中で、**一番確実にお金が貯まる方法は何か**と聞かれ、意外な返事をしました。あらゆるお金儲けに通じた邱永漢さんのことですから、たくさんある投資法の中でも、極めつけのハイテクニックが出てくると思ったら、「それは〝天職〟を持つことですよ」と言うのです。

聞いた人は一瞬、「転職？」、仕事を変えればお金が貯まるのですか、といぶかしんだのですが、そうではなく「天職」のことでした。「天職」とは、ほんとうにその人の能力や気質に合った、一生の仕事のことです。

たしかに、そうした自分に合った、一生打ち込める仕事を持てば、自然にお金も貯まるでしょう。危うい投資や博打紛いの仕事に入れあげて、すってんてんになることもありません。

私は、熱海の一介の八百屋さんから身を起こして、大儲けをしたヤオハンが、上海にデパートを作ろうとし、それを邸永漢さんが止めたというお話を聞いたとき、お金儲けに関する彼の哲学を感じました。

というのは、邸永漢さんを香港に訪ねたとき、同じマンションの上にヤオハン社長、その下に邸さんの立派な部屋がありました。その部屋からも香港の湾の全景が見えたのに、ヤオハン社長は、湾が見える高台の頂上に近いところに、石造りの豪邸を持っていたのです。

私は、邸さんに誘われて、ヤオハン社長のその別荘を訪問したことがあるのですが、お金をかけて建てた大理石の豪邸を見たとき、私はふと、「そのうちひどい目にあうんじゃないか」と思いました。

そして、邸永漢さんの「中国で商売をするのは怖い」という忠告を聞かずに上海に建てたデパートに行ったとき、私の「ヤオハン危うし」という予感は確信に変わりました。なぜならば、上海に作られたデパートは、もしかしたら**デパートというものを知らない人が作ったデパートなのではないか**、とさえ思えたからです。

たとえば、売り場が広々としてよさそうに見えますが、あまりにも広すぎましたし、第一通路が広すぎるのがとても気になりました。

これでは、お客さまが右の棚、左の棚の両方を同時に見ながら歩くことができず、右を見たあと左を別に見なくてはなりません。こんな小さなことからはじまって、結局、ヤオハンは莫大な借金を抱えて倒産してしまいました。

私が思うに、八百屋さんから出発してスーパーマーケットで大成功したころの初心を忘れたのではないでしょうか。いつのまにか、お金儲けが目的になってしまいました。

客の笑顔を見てものを売ることこそ、ご自分の「天職」という意識をなくしたとも思われます。つまり、客の顔が見えなくなっていたのではないでしょうか。まさに、邱永漢さんの哲学があてはまった典型的な例でした。

邱永漢さんから聞いた名言の一つに、「朝は夜より賢い」というのがあります。いろいろ悩みがあって悶々とするときは、そのまま考えたらけっしていい結論がでない。そんなときは**さっと考えるのをやめて寝てしまう**と、つぎの朝、思いもかけないいい考えが浮かぶ。つまり、誰でも「朝は夜より賢い」のだそうです。

バブルの崩壊で最悪の事態を迎えていた出版社が、邱さんにアドバイスを求めたところ、邱さんは、「一番悪いときが一番のチャンスなんだよ」と励ましてくれたといいます。それだけではありません。その言葉をそのままタイトルにした本を出版し、その出版社はピンチを乗り越えたというのです。

さすが「お金」のことというより、「人間」がわかっていた邱永漢さんでした。私が邱さんをお訪ねしたときの邱さんの話では、ヤオハン社長は、個人の遊びとしては度を越した大きな船を湾に浮かべ、毎晩のように政府官僚のお偉方や財界の各社社長など、何十人も招待して、豪勢なパーティをやっていたそうです。

これも、邱さんの忠告に耳を貸さないで、やりすぎた無駄づかいだったようなのです。

勲章を受けるときは、「トイレなんか行かない」人になった

——ミヤコ蝶々さん

漫才師で女優でもあったミヤコ蝶々さんは、普段の会話でも話術の名人で、私が聞いたのは、彼女が紫綬褒章を受けることになったときの講演です。皇居へ参内して帰ってくる顛末を、まるで目に見えるように巧みに語っていました。

彼女が、身振り手振りを交えて面白おかしく語るその一部始終は、一級のエンタテイン

メントでしたね。ほんのさわりだけでも……。

「行くにあたっては、着るものまで指定されて、風呂敷を持ってくるように言われたんです。それで、中に入ったら、しばらくの間はおトイレがありませんからって言われて。別にしたくなかったんやけど、そう言われると、行きたくなるもんです。

でも、紫綬褒章もらった人間が、行きたいですって手をあげるわけにもいきません。生まれてこの方、おしっこみたいなもん、したことがないという顔をしていました。

それで、トイレから出てきたら、今度は庭のお散歩です。ちょっと歩いて、ふと見たら、広場に置いてあったトイレがすぐになくなってるんです。私の考えでは、美観を損なうっていうんで、バスみたいな移動式だったんじゃないかなと。

この庭の散歩が大変で、何とかの門、何とかの門……なかなか終わりの門に来ない。私は、その日ちょっと体の調子が悪くて、バッグが重たくなってきた。それで、どこかに預かってもらえませんかって言ったら、お持ちしましょうって。

バッグもああいうところへ持って行くと出世しまっせ。普通バッグは下げるか腕に通すかでしょ。それが、**手に乗せて、目の上まで捧げ持ってくれたんです**。ずっとこんな風にね。

最後の門についたときはほっとしました。そこで、ただいまからお贈りしたいものがあるから風呂敷をお出しくださいと言われまして。

この風呂敷、持ってきてくださいと言われたけれど、大きさが書いてなかった。何をくれるのかわからんから、中には大風呂敷を持ってきた人もいて……。でも、いただいたのは、勲章が入った小さい桐の箱と恩賜のタバコ一個、それから紅白の干菓子。大きさはこんなものでした。隣りのおばはん、大きな風呂敷持ってきて……。

それからバスで東京駅まで送っていただいて、降りたら、いきなりマスコミの人が来て、ご感想はどうですかって。

『身に余る光栄です』って言うに決まっているでしょうが。こんなもんもらって殺生なななんて誰が言いますかいな。そんなことを聞くのがおかしい。雄二さんもおられませんし、誰に見せますか？　なんて、やかましいわ。ほっとけそんなもん」

ここまで聞くと、紫綬褒章を受けたことに対して、それほど感動をしていないように感じられるかもしれません。しかし、さすが、ミヤコ蝶々さんです。次のような言葉で見事にしめくくってくれました。

「紫綬褒章は何なのかを考えてみると、長い坂道を歩いてきて、途中で、あんたしんどいやろ、まあお茶を飲みなさいと言われたようなものだと思うんです。これから先もあるだろうけれども、まあがんばれやということなんでしょうね」

雄二さんというのは、もちろん漫才をやっていたときの相棒、南都雄二さんのことで、一時は夫婦漫才ともてはやされたものです。離婚してから病を得た雄二さんを、最後まで面倒を見たという逸話もあります。

幼いころから舞台に立たされて、学校にもろくに行っていなかったという蝶々さんですが、こうした巧みな話術と逸話から、**人間の器の大きさを測るはかりは、けっして学歴や知識ではない**ことを教えてくれていました。

わいせつ裁判で転んでも、ただでは起きなかった文学者 ——伊藤整さん

私が東工大の宮城音弥研究室にいたころ、同大で英文学の伊藤整さんが教えておられました。伊藤さんは、小説家、詩人、文芸評論家、翻訳家など、多数の肩書の持ち主ですが、彼を有名にしたのは、「チャタレイ裁判」でしょう。

これは、一九五〇年、彼が翻訳したD・H・ロレンスの『チャタレイ夫人の恋人』がわいせつ文書に当たるとして警視庁の摘発を受けた事件です。このとき、発行人の小山書店社長だけではなく、翻訳者の伊藤さんも起訴されました。

私も含めて、伊藤さんの周囲の人間は、彼を弁護することに決め、第四法廷での裁判ということから、伊藤さんが英文学の教授を務めていた東工大の多くの先生方が四番教室に集まっては議論を重ねていました。

私は、『チャタレイ夫人の恋人』がわいせつ文書ではないことを証明する方法として、ある手を思いつきました。

そのころ、東工大心理学研究室では、いわゆる嘘発見器の研究を行っていましたので、町で売っている、いわゆるカストリ雑誌を買ってきて、**それを学生たちに読んでもらい、彼らの興奮度を『チャタレイ夫人の恋人』を読んだときのものと比較しよう**と考えたのです。

カストリ雑誌とは、戦後間もなく発行された娯楽雑誌です。内容は興味本位のものが多く、典型的な「エログロ雑誌」でした。いたずらに性的興奮を煽る写真や挿絵が掲載されていたのです。

これらのテストを嘘発見器を使ってやったのですが、その結果は明らかでした。私は、証人として出廷し、嘘発見器に描かれた曲線を示し、カストリ雑誌こそ怪しげなものであって、『チャタレイ夫人の恋人』は立派な文学であると主張しました。

しかし、裁判で取り上げること自体、恥ずかしいことだという私の主張は取り上げられず、最高裁まで争われた挙句、伊藤さんも小山書店の社長も有罪になってしまいました。

裁判には坂口安吾さんも来ていて、判決が下される日には弟子を連れて現れ、有罪の判決が下されたとたん、私にちょっと目で挨拶をして出て行かれたのが、今でもはっきり印象に残っております。

そして、この本は、一九六四年、伏字を使って出版され、完訳は、一九七三年、羽矢謙一という人の翻訳が出版されていましたが、その後、一九九六年、伊藤さんの息子さんが、削除された部分を補って出版されています。

この裁判を通じて私が、伊藤さんに対して「参った」と思ったことがあります。裁判の最中被告席で寝てしまっていた小山書店社長のかたわらで、伊藤さんはしっかりと克明にメモをとっていました。私は「真面目なところもあるんだな」と思ってそれを見ていたのですが、**その顛末を、『裁判』という本に全部書いてしまったのです。**

これは、伊藤さんの代表作の一つになりました。中には、私が応援したことまで、詳しく書いてありました。作家というのは、転んでもただでは起きない、したたかな人種なんだなと妙に感心したものです。

なお、余談を一つ。驚いたことに、法廷で私とやり合った裁判官、何を思ったか、その後、退職されて弁護士になってしまいました。

そしてある日、**私が使った嘘発見器を使ってご自分の依頼人を見てほしい**と言って、研究室に訪ねて来られたのです。

ところが、この嘘発見器、私が何を語りかけても波が全然出てきません。あとで被聴者に聞いてみると、その依頼人、私の声が聞こえないように、心の中で、「南無妙法蓮華経」とくりかえし唱えていたというのです。一切受け付けないという心の構えが成功したわけです。

結局、「そんなに悪者ではありませんよ」と証明されたので、彼は、すぐに釈放されました。今思えば、昔は面白かったなと思います。かなりいい加減なところがありながら、かえって今よりはきちっとしたところもあるという、楽しくおおらかな、よき時代――面白い時代だったような気もするのです。

「男の顔は履歴書」も「女の顔は請求書」には負けた評論家
――大宅壮一さん

私はこれまで、人との仲がうまくいかなかったという体験がほとんどありません。どなたとお会いしても、すぐに相手の性格を、ほぼ正確につかめるので、怒らせたりご機嫌を損ねたりすることがないのです。

しかし、そんな私でも、大評論家の大宅壮一さんには叱られたことがあります。それは、私が「先生はいつもさえていらして、お若いですねえ」と、ちょっとお世辞のつもりで言ったときです。大宅さんが、「お若いとは何だ」と怒るんです。

それで私が、「いや、お年の割りにお若く見えるから」と言うと、「若く見えているのではなく、ほんとうに若いんだ、若い者に若いと言うのは失礼だろう」という返事が返ってきました。そのとき大宅さんは、すでに七十歳は超えていたと思います。

大宅さんは、「面白いけれど怖い人、毒舌の評論家」と言われ、**どんなに偉い人でも、気に入らないと平気で絶交宣言をしてしまう**という噂でした。

しかし、歯に衣着せぬその物言いは明快で、数々の名言を残しています。

たとえば、中国の文化大革命を「幼い紅衛兵が支配者に利用され、暴れているだけのジャリタレ革命」、日本のテレビメディアの先行きを予感して「一億総白痴化」、料亭政治に代わる接待ゴルフを「緑の待合」などは、広く、国民の記憶に残るものでした。どれも、思い当たるところがあるからでしょう。

しかし、じつは、大宅さんが思わず「負けた」と言ったという話もあるんです。

大宅さんは、元暴力団組長で俳優になった安藤昇さんの左頬に残る傷跡を見て、色紙に「男の顔は履歴書である」と書きました。この色紙は、東京の銀座のバーに飾られていたのですが、大宅さんがあるとき行くと、この色紙に並んで**「女の顔は請求書である」と書かれた色紙が飾られていた**のです。

この色紙を書いたのが誰なのかについては諸説あり、どこかの大学教授、関西の作家・藤本義一さん（後に、同じタイトルの本を書いています）、大宅さんの弟子だった草柳大蔵さんなどの名が挙がっています。

いずれにしても、大宅さんが「負けた」と言ったぐらいですから、女性の本質をついた言葉と言えるのではないでしょうか。

百歳のユーモア——松原泰道さん、泉重千代さん、きんさんぎんさん

大宅壮一さんに「お若いですね」と言って怒られたというお話をしたら、この三人の方々を思い出しました。

松原泰道さんは、禅の名僧で亡くなったときは百二歳、泉重千代さんは、のちに信憑性が疑われてしまいましたが、当時、男性の最高齢長寿者とされ、きんさんぎんさん姉妹は二人そろって「百歳、百歳」とくり返すテレビコマーシャルで有名になりました。つまり、高齢というところが一致しています。

そして、その共通点は、**ご自分を年寄りと思っていなかったところです。**取材者の質問に応じたその答えは、いずれも傑作です。

松原泰道さんは、「お若いですね、せいぜい六十歳ぐらいにしか見えません」と言われて「えっ、そんなに老けて見えますか」と聞き返したそうです。

泉重千代さんは、長寿の秘訣を「酒と女かのう」と言い、「好きな女性のタイプ」を聞かれて、「自分は甘えん坊だから年上の女性がいい」と、……ご自分が日本一の長寿だと

言われたときですよ……！

きんさんぎんさんは、テレビの出演料の使い道を問われて、「老後のために貯金しておきます」と答えたのです。

これらのお答え、質問者を煙に巻いて一杯食わしてやろうとしたのであれば、大したものです。それこそ若さを証明したことになるからです。

また、松原泰道さんは、禅の高僧らしく、数々の名言を残しています。

人間、死んだらどうなるかとか、人はどうして死ぬのかなどというむずかしい問題を投げかけられたとき、師はこともなげにこう言いました。

「それはね、人は、生まれたから死ぬんですよ」

なんと当たり前で明快な、しかも深い味のある言葉ではないでしょうか。

窮地に陥ってオロオロ慌てふためき、「どうしよう、どうしよう」と思ったときには、そこに「にか」の二字を加えて、「どうにかしよう、どうにかしよう」。

たしかに、これだけで、人は前向きになれるはずです。

また、松原さんは、ある高僧が死ぬときに言ったという言葉を紹介しています。

多くの弟子に尊敬されていたその高僧が死の床に就き、何か言おうとしています。最後に何かいい言葉を遺してくれるのかと、耳を近づけたら、「ああ、死にともな、死にともな」（ああ、死にたくない、死にたくない）と言ったというのです。

悟りを開いたかのように見える高僧でさえ、**生きたいという欲望から逃れることはできない**のです。それを知れば、我々凡人ならばなおさらと、救われる思いがしませんか。

音楽家になった息子に経営を救われた道楽家社長

——龍角散・**藤井康男**さん

製薬会社・龍角散の三代目として生まれた藤井康男さんは、二十五歳のとき龍角散に入社し、のちに社長、会長と歴任しています。私が勤めていた千葉大出身ですが、旧制府立四中で私の後輩だったと思います。

私が彼と親しくなったのは、彼が東京アマチュアマジシャンズクラブ（ＴＡＭＣ）に入会してきたときからのことでした。何度もお話ししましたが、マジックは人と仲よくなるには最適な方法です。

藤井さんも私のように、旅に出かけるときには、いつも手品のネタを持って行ったようです。一緒に中国へ旅行したときには、二人でマジックを披露してずいぶん喜ばれました。船に乗っていても、みんな集まってきて、わいわいがやがやと賑やかで、皆さん楽しかったと言ってくれました。

彼はピアノの名手でもありましたので、私以上のエンタテイナーでした。そして、「音楽と経営は、どちらも感性が大事」など、普通の経営者らしくないことも言っていました。

普通の経営者らしくないところといえば、**他の人と違う道を歩きたがる**ことでしょうか。みんなが右へ行こうとすると、左へ行きたがるんです。そこは私も同じでしたが、私と違うところは、左と決めたら、さーっと左へ進みつづけるところです。

その点、私は、左へ行きながらも、右がよかったかなと考える人間で、ちょっと行ってみて面白そうじゃないと思ったら、右へも行ってみようと戻ってきます。行きつ戻りつしてみる慎重さがあるのです。

やはり、みんなが行きたがるんだから、そちらのほうが面白いのだろうと思ってしまうのは当然のことで、とぼとぼと誰も行かない道を歩いていると気になって、自分はへそ曲がりで左へ来ているだけではないかと不安になるものです。

藤井さんは、自分が左と思ったら、それを信じ、迷わず行ってしまうほうが面白いはずと考える人でした。両方の道へは行けないのですから、信じたほうが勝ちなのかもしれません。

マジックが好き、ピアノが好き、そして、模型を作ることも好きと、趣味が多く、その道楽が高じて、息子の隆太さんには本格的に音楽家の道に進ませ、フルート奏者としてパリに留学中には、国際コンクールで一位を取ったそうです。

しかし、隆太さんが経営を引き継ぐことになったときは、会社は大赤字を抱えていました。音楽なんて道楽をやっていた人間に、会社の再建ができるかと思った人もいましたが、隆太さんは逆に、「音楽をやっていたからこそ、自分の力を冷静に見られるようになり、自己過信しないで人の力を結集できた」と言っています。

親父さんは、**だてに道楽をしていたのではない**と言い張り、私は改めてこの「面白い親子」に拍手を送りたいと思ったものです。

台風が東京をそれても、「すこしもよくない」と言われた
――昭和天皇

激動の昭和を生きてこられた昭和天皇に、「面白い人」の仲間入りをしていただくのは、まことに畏れ多いことではあります。

でも、天皇家の方々は、公的な発言などさまざまな制約の中でも、なかなかユーモアにあふれ、機知に富んだ会話を大切にしていらっしゃいます。

とくに昭和天皇は、**そのお人柄から自然に生まれるユーモア、巧まざる笑い**で周囲を和ませていらっしゃいました。

天皇が九州旅行の折、「陛下、あれが阿蘇山でございます」と教えられて「あっ、そう」と答えられたことや、オリンピックで骨折しながら優勝した柔道の山下泰裕氏に、「骨が折れるでしょう」と、労《ねぎら》いの言葉をかけられたことなどはつとに有名です。

私は和歌山県を旅したとき、ＪＲ紀勢本線に「朝来（あっそ）」「阿曽（あそ）」という駅名があることを発見しました。そのとき、昭和天皇はここをお訪ねになったことがある

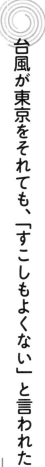

だろうかと楽しい連想をしました。「昭和天皇がもっとも多く口にされた駅の名」ということになるからです。

また、昭和天皇の多くの名言のうち、白眉として国民の記憶に留めたいと思うのは、「雑草という草はない。どんな植物でもみな名前がある」と言われた有名なお言葉のほか、ソニーの井深さんと盛田さんの対談で知った、次のお言葉です。

ある年の台風シーズンに、大型台風が東京をそれたとき、宮内庁長官だった田島道治氏が、「それてよかったですね」と言ったら、天皇は、「すこしもよくない」と怒ったように言われたそうです。

天皇にとっては、台風がそれた先も同じ国民がいる日本なのだという、当たり前と言えば当たり前の認識ですが、それが我々下々のものは、なかなかすぐ自然にそう思えないところがあります。

昭和天皇はマジックがお好きだったので、私は残念ながら若造でしたからおめもじのチャンスはなかったのですが、私がかつて会長をやらせていただいたＴＭＡＣ（東京アマチュアマジシャンズクラブ）の先輩方は、**何回か皇居に参上してマジックを見ていただき、陛下もとても喜んでおられた**と聞いています。

私も現在の天皇・皇后両陛下にお目にかかる光栄に恵まれましたが、両陛下が応接室で私どもをお立ちのままお迎えくださり、二時間ほどお話しのうえ、わざわざ長い廊下をお歩きになって玄関までお見送りくださったのは、恐縮するばかりでした。

待っていたハイヤーの運転手に、「先生は両陛下と特別なご縁がおありなのですか？私は長年、皇居でのお客様の送迎をやってまいりましたが、両陛下が玄関口まで送って見えたのははじめてのことでしたので……」と言われ、いっそう恐縮した次第です。

昭和天皇のユーモアは有名ですが、香淳皇后の残されたユーモアは数少ないので貴重です。これも、皇室記者の松崎敏弥氏が紹介されていたことですが、御所にあった雛人形の一部が焼失してしまうという不時の出火があったときのこと……。

さぞ皇后も残念に思われているだろうと、周囲が気遣いの声をおかけすると、皇后は、

「いいのよ、ここ（御所）には本物の女官がいますから」

とあっさり答えられ、周囲の人たちはほっと胸をなでおろしたと言います。

宮中という特殊な場所にいる皇后にして、はじめて言える言葉ですが、**自分の置かれた位置をよくわかっている気遣いとユーモアがあふれているる**と思います。

雛人形が焼けて、責任を感じている周囲の人々を、これほど労《いた》わり慰める言葉はないで

しょう。皇后でなければ言えないようなこのお言葉を、いともあっさり語られ、逆にすがすがしく小気味がよい。皇后のお人柄や懐の広さが表れた楽しいエピソードでした。

また、私はサッカー協会のJリーグ誕生のときから、会長の川淵三郎さんと親しくしていただいたお蔭で、Jリーグ開幕の当初から特別招待状を入手できました。試合の直前まで裏の客室で競技のスタートを待っていましたが、そのとき、はからずもお知り合いになれた方が高円宮ご夫妻でした。

お二人とも、**宮様とは思えぬほど気楽にお話しできる方々**でしたが、今でも思い出すのは故高円宮さまのお言葉です。

そのころ、三笠宮さまというお名前から宮家として独立され、高円宮さまになられたのですが、宮様は私に、

「先生、自分の呼び名が変わったとき、すぐには慣れませんでした。でも不思議なものです。けっこう短時間で変わった呼び名に慣れることができました。

先日も、新聞を見ていたとき、〝円高〟という文字を見て、なんだ私の名を逆転したのかなんて思ったり、車で高円寺の前を通ったとき、あれ、私のお寺があるのかな？ なんて思うようになりました」

などとおっしゃられ、**皆を笑わせておられたお姿**を、今もけっして忘れることができません。「面白い」というのは、すごく力があるものですよね。そのことをつくづく考えさせられています。

第4章

これぞ極めつけ、私が降参した「超」面白い人列伝

超 面白い人 1

寝たきりの「病牀《びょうしょう》六尺」から、自他ともに楽しむ生き方を教えてくれた俳人――正岡子規

「面白い人」を「生き方」にまでした筋金入りの〝元祖〟

今まで私が知り得た先人たちの中で、正岡子規は、『正岡子規　運命を明るいものに変えてしまった男』という本まで書いてしまったほど、「面白い人」の極めつけです。

この世は辛いことが多いものですが、同じ一生ならば、楽しみや喜びを見出し、面白く人生を送りたい――。そんなことを思っていたとき、その術を私に教えてくれたのが、正岡子規だったのです。正岡子規は、肺結核という当時としては「死病」にとりつかれながら、人生を精一杯楽しんでいました。

彼は、自然体ながら、生死を分ける辛い闘病の中でも、つねに「面白い人」でありつづけました。だからこそ、辛いはずの闘病生活を、豊かに生ききることができたのです。

私が、子規を「面白い人」と思う理由は、まずそのわがままな生き方です。寝たきりの生活を余儀なくされた子規は、**その苦痛を辛抱せず喚き散らし、逆上し、激昂し、泣き叫んだ**と言われています。食べたいものを要求し、気ままに門弟たちを呼びつけました。

私が思うに、周囲の人間が、そんな子規のわがままぶりを見捨てなかったのは、子規が「面白く魅力的な人間」だったからでしょう。

たとえば、子規は、病気の痛みに泣き喚きつつも、痛みのないときには忘れたように陽気になり、生きる楽しみや喜びを見出すことができました。

亡くなった同病の知人・無事庵の身内からその様子を聞いたとき、それが自分そっくりであることを喜び、自分の闘病生活を描いた『病牀六尺』に次のように記しています。

「この日は、かかる話を聞きしために、その時まで非常に苦しみつつあつたものが、遽《にわか》に愉快になりて快き昼飯を食うたのは近頃嬉しかった」

妹や弟子たちは、同病の友が自分と同じだったと知って、苦しみを忘れる子規に、一種の「可愛らしさ」「面白さ」を感じたのではないでしょうか。ちなみに「病牀六尺」とは、寝たきり状態の子規が動くことができる範囲ぎりぎりの病床のことです。

偉さも誇りも捨てたみじめな人間になぜ人が寄ってくる

これまでご紹介したように、子規は衰弱し、寝たきり状態が続いていました。肉親はともかく、他人なら敬遠してしまうかもしれないような状況だったのです。

それでも子規のもとには、多くの人々が入れ代わり立ち代わり見舞いに訪れています。それはなぜでしょう。もちろん、子規を敬愛する気持ちはあったでしょう。感情のままに泣いたり喚いたりする子規に人間的な魅力も感じたことでしょう。

しかし、子規の最大の魅力は、そのユーモア性にあったのではないでしょうか。子規は、人を楽しませ、自分も楽しもうという精神を忘れることがありませんでした。

たとえば、『病牀六尺』にある次のようなエピソードは、何回読んでも、「子規って面白い人」と思わせてくれます。それは、「渡辺さんのお嬢さん」の話です。

あるとき、客の孫生が、「渡辺さんのお嬢さん」が来訪していて子規に会いたがっていると言いました。彼女を一目見てほれ込んだ子規は、客に意中を明かしました。

「孫生は快く承諾してとにかくお嬢さんだけは置いて行きませうといふ。……お嬢さんだ

け は元の室へ帰つてきて今夜はここに泊ることとなつた」

「翌朝起きてみると二通の郵便が来て居る。……　あれから話をしてみたが誠によんどころないわけがあるので、貴兄の思ふやうにはならぬといふ事であつた」

しかし、その翌日、子規の望みは叶い、子規は喜びに震えるのでした。

「お嬢さんの名は南岳艸花画巻《なんがくそうかえまき》」

つまり、「渡辺のお嬢さん」は絵のことだったのです。子規は、**客が持ってきた絵にほれ込み、それを手にするまでの経緯をユーモアたっぷりに書いた**のです。

病の苦しみにのたうちまわる一方で、このようなユーモアたっぷりの文章をものにできる子規に、多くの人は魅せられたのでしょう。

このように、ユーモア精神を失わず、周囲を楽しませ自分も楽しんだ子規のもう一つの魅力は、その旺盛な好奇心です。病床にあって、身動きできない身でありながら、子規は、自由に想像の世界を広げています。

子規が、「病牀六尺」を広すぎると言った意味は、旺盛な想像力で、世界を「無限な宇宙」ほどに広げていたからではないでしょうか。

たとえば、多くの訪問者や新聞などから、世の中の変化や様子を知った彼は、「自分の見た事のないもので、ちよつと見たいと思う物を挙げると」と言って、活動写真や動物園やビヤホールなど十一項目を記し、「数ふるに暇《いとま》がない」と言っています。

子規は、これらのものを見たり、やったり、味わったりして楽しんでいる自分の姿を想像しては、一時、苦しみを忘れることができたのでしょう。

逆境にある人々は、えてして、「今はそれどころではない」などと、やりたいことを押し込めてしまいがちです。たしかに「分をわきまえる」ことは大事です。

それでも、**好奇心の赴くままに想像を働かせることの大切さ**を私は言いたいと思っています。子規は、まさにその見本と言っていいのではないでしょうか。それを物語るのが、『病牀六尺』にある次の文章です。

「余は今まで、禅宗のいはゆる悟りといふ事を誤解して居た。悟りといふことは、如何なる場合にも平気で死ぬる事かと思つて居たのは間違ひで、悟りといふ事は、如何なる場合にも平気で生きて居る事であつた」

子規が、平気で生きていられたのは、この世に存在するものに対しての好奇心を失わず、変に悟ったりせず、「やってみたい」「見てみたい」と思いつづけたからに違いありません。

自分の窮状を笑える人間こそ面白い人間

子規は、闘病中のもう一冊の著作『墨汁一滴』でこんなことを書いています。

「この頃は左の肺の内でブツ〳〵〳〵〳〵といふ音が絶えず聞える。これは『怫々々』と不平を鳴らして居るのであらうか。あるいは『仏々々』と念仏を唱へて居るのであらうか。あるいは『物々々』と唯物説でも主張しているのであらうか」

このとき、**子規の左の肺の音は、まさに死の予感を感じさせる**ものです。しかし、子規は、あえてそのことに気づかぬふりをして、病気をからかっています。この一文を読んだ人は、病人の悲惨な状況を感じつつも、どこか救われた思いがします。

子規が、いかにも病気を楽しんでいるように思えるからです。人に「面白い人」と思わせるユーモアは、このように、自分も他人も楽しませる要素を持つのでしょう。

じつは私も、子規のような悲惨な状況ではありませんでしたが、胆石で入院したとき、こんなことがありました。

手術をして石を取りだしたので痛みは収まりましたが、主治医から見せられたのは、数こそ多かったものの、粒の大きさはコメ粒ぐらいの小さなものでした。

しかし、見舞いに来てくれた人たちにお見せしていたのは、親指の先ほどもある特大の石をシャーレに載せたものだったのです。皆さんは、この石を眺め、「こんな大きな石が入っていたんですか」「きれいなものですね」などなどと感想を述べています。

私は、内心おかしくておかしくて、笑いをがまんするのに苦労したものです。なぜなら、この石は、**私が妻に頼んで我が家の庭から拾ってきたものだった**のです。

冷静に考えれば、親指大ほどもあるきれいな石が入っているわけはないのですが、私の神妙な面持ちに誰もが騙されてくれました。というわけで、辛いはずの入院生活が、〝医師〟たちとともに、一個の〝石〟のお蔭でとても楽しいものになったのです。

また、知人の奥さんが胃がんの手術で入院したときも、意外に楽しい入院生活だったと話してくれました。辛いことばかりだったはずの入院生活が、なぜ楽しいものになったのでしょうか。彼女には、自分のみじめな姿を笑って眺めるだけの余裕があったからです。

たとえば、点滴のスタンドを押し、体に刺さった注射針から伸びている管を入れた袋をぶらさげ、トイレに行かなければなりません。廊下に出れば、同じような状況の患者が青白い顔をしてとぼとぼぞろぞろと歩いています。

そして、「ああやって自分も歩いているのか」とわかったとたん、思わず笑ってしまったというのです。彼女を見舞った友人たちは、「地獄の一丁目かと思ったわ」と笑う彼女の姿を面白く眺めて、ほっとしたと言います。

このように、自分の窮状を笑って話せる人間は、自分も周囲も「面白く」できるものなのです。自分の不遇や失敗を、隠さず家族や友人にさらして笑ってもらえれば、**どんな不遇も乗りきることができ、人生は、何倍も面白いものになる**でしょう。

「子規」という俳号にも、それが表れています。「子規」は、訓読みをすると「ほととぎす」になります。「ほととぎす」にあるさまざまな当て字の一つです。

この「ほととぎす」、じつは「結核」の隠語でした。「鳴いて血を吐くほととぎす」という言葉もあり、ほととぎすの口の中が赤いことや、甲高い声が血を吐くような声に聞こえることなどから、結核の隠語になったとされています。

子規は、喀血《かっけつ》して、自分が結核と知ったときから、子規を名乗るようになりました。子規には、やはり窮状を笑い飛ばすだけの度量があったということでしょう。

悩みや不満も子規にあっては知らぬ間に雲散霧消する

子規は、前述のように、行くことも見ることもできない世界を想像し、自分を楽しませる術を心得ていました。しかし、目に入るものは、いつも見慣れたものばかりというときもありました。

そんなとき、子規は自分を楽しませ、生きることの面白さを味わうために、こんなことをしていました。

朝から春雨のショボショボと降る日、子規は、いつもの見慣れた風物に目を留めます。

「今日も雨が降るので人は来ず仰向になつてぼんやりと天井を見てゐると、張子の亀もぶら下つてゐる、芒《すすき》の穂の木兎《みみずく》もぶら下つてゐる、駝鳥の卵の黒いのもぶら下つてゐる、ぐるりの鴨居には菅笠が掛つてゐる、蓑が掛つてゐる、瓢の花いけが掛つてゐる。枕元を見ると箱の上に一寸ばかりの人形が沢山並んでゐる、その中にはお多福も大黒も恵比寿も福助も裸子も招き猫もあつて皆笑顔をつくつてゐる。こんなつまらぬ時にかういふオモチヤにも古笠などにも皆足が生えて病牀のぐるりを歩行《ある》き出したら面白いであらう」（『墨汁一滴』）

この箇所を読んで、私は、子どものころ、風邪を引いて学校を休み、一人で寝ていたとき、天井の模様がさまざまな動物に見えて、それが動き出すように思えて、面白かったり怖かったりしたことを思い出しました。

このような想像の世界に遊ぶ楽しみは、大人になると次第に忘れ、現実世界の中に埋没してしまうものです。しかし、子規は、**童心を失うことなく、いつも、こうした世界に遊び、楽しさやうれしさを求めつづけた**のです。子どものような人物だったという弟子や家族の見方は、まったくそのとおりだったのでしょう。

童心を失わなかった子規は、ある意味、人生を楽しむことを優先させていました。

苦しいことばかりなのが人生で、「八方ふさがりでどうにもならない」ことも多々あります。「一寸先は闇」と、思いがけない災難に見舞われることもあります。

その一方で、「捨てる神あれば拾う神あり」と言われるように、たいていの場合、何とかなっていくものです。どちらも、ことの真理をついていると思います。ですから、大事なことは、そのどちらを取れば、楽しい人生を送れるかということです。

子規は、もちろん、余計な心配はしない人生を選びました。私が子規に共感することの一つにそれがあります。私も、「楽しくなければ人生ではない」と考えているからです。

そういう意味で、子規は、刹那刹那に生きた人間でした。

多くの人間が、逆境にあっては何の楽しみも見出せないと思う中、子規が逆境の中に楽しみを見出すことができたのは、この「明日のことを思い煩わない」精神を持っていたからでしょう。

たとえば、明日が誕生日の旧暦九月十七日、子規は、母と妹の労苦に報いようと、料亭の料理を取り寄せました。その費用は、子規曰く「例の財布」からでした。

この「例の財布」とは、じつは、門弟の高浜虚子から借りたお金を入れた財布なのです。楽しみを最優先させる子規らしさがここに出ています。子規はこのことについて、『仰臥漫録』という日記に次のように記しています。

「これは借銭と申しても返すあてもなく死後誰か返してくれるだろー位のことなり　誰も返さざるときは家具家財書籍何にても我内にある者持ち行かれて苦情なき者なりとの証文を書いておくべし　病牀の財布も秋の錦かな」

こうした一種の開き直りというか、**無計画な刹那的なものがあれば、悩みも苦しみも雲散霧消してしまうことでしょう。**

それもこれも、子規の面白さを十分理解する家族や友人や弟子たちがいたればこそと思えば、私たちがむやみにマネのできることではありません。しかし、心のどこかに、子規的なところを持ち合わせることができるならば、もう少し楽しく気楽な人生を送れるような気がしませんか。

なお、子規の辞世の句は、次の三句と言われています。糸瓜《へちま》には咳止めの効果があると言われていたことや、糸瓜水を取るのが十五夜の日であり、子規が世を去ったのが十七夜だったことなどを考えると、その意味がわかると思います。

「糸瓜咲て痰のつまりし仏かな」「痰一斗糸瓜の水も間にあはず」「をと、ひのへちまの水も取らざりき」

糸瓜は、子規が借りていた家の庭にあり、子規は「糸瓜ぶらり夕顔だらり秋の風」「夕顔の棚に糸瓜も下りけり」など糸瓜の句をたくさん作っています。

ぶらりとぶら下がる糸瓜ののんきな様子に子規は自分を託していたのでしょうか。辞世の句にさえ、**どこかユーモラスなものが感じられて仕方がない**のです。

やはり正岡子規は、筋金入りの「面白い人」、生きる意味を「面白い生き方」に見出した〝元祖〟――ではないかと私は思います。

子規の暮らした家は今も東京の下町に残されており、私もむろん訪ねたことがありますが、**寝室の庭先には今も糸瓜棚**があり、上野の鐘の音もけっこうしっかりと聞こえていました。

超
面白い人
2

大阪万博で出会い、その「ベラボー」な精神から爆発する発想のヒントをもらった画家――岡本太郎さん

もっとも万博的でない〝危険人物〟がなぜ？

正岡子規は、まさに「元祖・面白い人」でしたが、私と同時代人ではありません。同じ時代に同じ空気を吸った人の中で、私が「面白い人」の筆頭と思うのは、何と言ってもあの「芸術は爆発だ！」の岡本太郎さんでしょう。

昭和四十五年（一九七〇）、**大阪万博のオープン前の会場に行って、度肝を抜かれたの**は岡本さんの建てた「太陽の塔」でした。「どういう思想でこの万博のテーマをまとめようとしたのか」と、強烈な疑問に突き動かされた私は、彼の家にまで押しかけました。

ご本人には会えずじまいだったのですが、自宅の庭を見ただけでも彼の熱くたぎる精神を感じました。そこにはいかにも岡本さんらしい奇妙なオブジェが並び、あたかも岡本さ

んの創造の芽が、その庭で栽培・熟成されているような感じさえ受けたのです。

岡本さんの秘書から生涯のパートナーになった岡本敏子さんの甥御さんに当たる平野暁臣さんの著書『岡本太郎——「太陽の塔」と最後の闘い』（PHP新書）に、岡本さんが選ばれたいきさつが詳しく書かれています。

平野さんによれば、事務総長・新井真一さんが岡本さんを、「大阪万博のテーマプロデューサーに」と口説いたとき、なんと新井さんは、「十億円の予算をどう使ってくれてもいい。口は出さない」とまで言いきったというのです。

たしかに、岡本太郎と言えば型破りすぎて、世間の常識ではおよそもっとも万博的でない人と思われていたでしょう。誰もが、**これは無理なキャスティングであり、岡本さんもまず引き受けないだろう、いや引き受けないほうがいい**と思っていました。

しかし、岡本さんはテーマプロデューサーの大役を引き受けました。そして、万博が終わったあとまで、唯一の万博遺産としてあの「太陽の塔」が残っているのです。

「面白い人」というのは、このようにつねに周囲の人間の「期待」を裏切りつづけるところがあるようです。

それにしても、なぜこれほどの周囲の反対や否定的観測を裏切って、岡本さんはこの大役を引き受けたのでしょう。

これも平野さんの挙げておられる岡本さんの言葉に、私はある種の感動とともに、深く納得させられました。そして、なるほどこれぞ周囲の期待を見事裏切ってくれる「面白い人」の面目躍如だ、とも思ったのです。

岡本さんは、ある雑誌に、「人間は生きる瞬間、瞬間、自分の進んでいく道を選ぶ。そのとき、いつでも、まずいと判断するほう、危険なほうに賭けることだ」と書いているそうです。

こうした発想がどこから生まれたのか、岡本さん自身の著書『自分の中に毒を持て』（青春文庫）の中にこう書かれています。

それは彼が十八歳でパリに出て、**画家としての枠の中で安全に生きるか、そこから飛び出して不確かな生き方に身を投じるか悩んだ**ときのことです。

――「安全な道をとるか、危険な道をとるか、だ」あれか、これか。（中略）

「危険な道をとる」いのちを投げ出す気持ちで、自らに誓った。――

私は、そこに岡本さんの自発的な覚悟のようなものを感じるのです。

「今までの自分なんか蹴とばしてやる」という自己否定

こう見てくると、岡本太郎という人は、確固たる揺るぎない自分を持っていて、その自分を基準に世の中のすべてと戦っていく、そんな風に思う人も多いでしょう。

しかし彼に言わせれば、それこそが大間違いだと言うのです。先ほど挙げた彼の著書『自分の中に毒を持て』の中にそのことははっきり書かれています。

同書によれば、よく人生は積み重ねだと言って、自分の経験や知識を後生大事に守っている人がいますが、岡本さんは**こうした積み重ねをすればするほど、人間は自在さを失う**と言います。

むしろ人生は、「積み重ねる」より「積みへらす」べきだと言うのです。そしてこう宣言します。「今までの自分なんか、蹴トバシてやる。そのつもりで、ちょうどいい」

私はこの「自己否定」の精神も、既成価値の否定とともに、「面白い人」に不可欠の要素だと考えます。

万博でも、既成の価値観に対して闘いを挑むには、何よりも先に自分との闘いに勝たねばならなかったでしょう。たとえば、わずらわしい人間関係や組織を嫌っていたのに、万博のテーマプロデュースを引き受けるからには、大きなプロジェクトの大勢の人たちとの関わりの中に身を投じていかねばなりません。

好きなようにやると言っても、当然、果たさなければならないさまざまな条件もあったのです。その最大のものが、**会場のテーマ館に求められた相容れない二つの要求**でした。テーマ館は、そこに人々が集まりたくなる魅力を持たなければならないのと同時に、世界中の人の注目を浴び、人が集まれば集まるほど膨大に膨れ上がる、群衆の渋滞をつくってはならないからです。

万博のテーマ館に突き付けられた「人を結集させる」「人を渋滞させない」という矛盾する条件、岡本さんの言葉で言う「世界一の矛と世界一の盾」を同時に作るという大矛盾を、岡本さんはどう解決したのでしょうか。

ここにもじつは、既成価値の否定と、従来の自己否定という「面白い人」の面目躍如たる、爆発する発想があったのです。

まず岡本さんは、未来都市的な万博価値の象徴とも言える巨大な直線構造の屋根のど真ん中に、曲がりくねった胴体と顔を持つ巨大な曲線構造の「太陽の塔」を立てることで、既成価値を破り、入場者の興味と足を引き寄せました。

おそらくそのままだったら、塔の周辺には群衆が押し寄せてしまいます。ここでなんと「太陽の塔」の芸術オブジェ性だけでない、群衆誘導の機能性が登場してくるのです。

つまり、この塔は単なる展示物ではなく、**地下から地上、そして大屋根へと続く大きな縦型の移動用スペースとしても考えられていた**のです。

まさにこの「太陽の塔」の胴体がそのための縦シャフトとなり、左右に広げられた腕は単に広がっているだけでなく、大屋根にピタリとはめ込まれ、上がってきた観客が大屋根に出るための通路になっていたのです。

これにより、入口を入った観客は平面で渋滞することなく、大エスカレーターで縦方向へ移動し、分散して置かれた展示を見ながら、ぐるっと一巡して地上の広場に戻ってくるという、じつにスムーズな動きが可能になったのでした。

しかも私がさらに驚いたのは、この地下・地上・空中という三つのスペースが、岡本さんの頭の中では単なる三重構造の空間としてあるだけではなく、「地下＝過去・根源、地上＝現代、空中＝未来」という「基本構想」に基づいて設定されていたということです。

テーマ館全体が、この三つの空間で構成され、その中央に「過去、現在、未来を貫いて脈々と流れる人類の生命力、その流れ、発展を象る」ものとして、三つの空間をつないで空中に突き出る「太陽の塔」が構想されていたのでした。

そのために、岡本さんの言葉で言う「ベラボー」なものが必要だったのです。それは既成価値の破壊などと、手垢に汚れた言葉では表せません。あの万博の**未来都市的な価値を背負ったものに、強烈な対決を迫る**もの。それは「ベラボー」なものとしか言いようのないものだったかもしれません。

平野さんの著書に引かれている岡本さんの言葉が、きわめて印象的でした。

「優雅におさまっている大屋根の平面に、ベラボーなものを対決させる」

「頂上には目をむいた顔を輝かせ」そして、そういう「対決の姿によって、雑然とした会場の、おもちゃ箱をひっくりかえしたような雰囲気に、強烈な筋を通し、緊張感を与えるのだ」。

この「ベラボー」なもののインパクトを知ってから、私の追い求める「面白い人」のコンセプトの中で「ベラボー」は特別なキーワードになっています。

「ベラボー」なものこそ、ひ弱な知性や姑息な計算では解決できない、果てしない混沌や、煩雑極まりない矛盾に対して、堂々と対決を迫り、ぬるま湯の弛緩にほとばしるような緊張感を与え得るものだと思います。

現代の世界が抱える**見通しの立たない軋轢《あつれき》や閉塞状況**も、この「ベラボー」なものがないと、どうにもこうにも動かないのではないかと思っているのです。

ひと言で言えば、岡本太郎さんが私と同時代の「面白い人」の筆頭に位置するのは、まさにこの「ベラボー」さによるものと、改めて思っています。

超 面白い人・3

何でも飲み込んでしまう大きな「ガランドウ」だった破天荒な文豪——坂口安吾さん

「奇妙な案件」を抱えて東工大に飛び込んできた大作家

付き合った期間はわずかでしたが、私の脳裏に巨大な「面白い人」像を焼き付けたのは、変わり者で有名な大作家・坂口安吾さんです。私が東工大の助手をしていた二十代の半ば、安吾さんは、ある「奇妙な案件」を持って大学に押しかけて来ました。

見ると、小さな写真を何枚か抱え込み、これを東工大の技術で何とかしろと言います。それは、競輪の着順を示すゴールでの証拠写真でした。安吾さんは、**ここには重大なインチキがあり、着順が捏造されている可能性が大きい**と言うのです。

このレースには、本命の選手が「上位」から消えるという噂が流れていたと言います。しかし、実際のレースはこの噂と違い、最初劣勢だった本命は2着でした。ところが、本命が1着と発表されたのです。これに、安吾さんは憤り、他から抗議の声も起こりましたが、主催者側が示した証拠写真では本命が1着で写っています。

「そんなことはあり得ない！　写真が捏造されている。写真に細工をしたのではないか」

と安吾さんは主張しました。

私たちは、「こんな不鮮明な写真では何もわかりませんよ。相手にされませんから、おやめになったら？」となだめたのですが、「でもおれはシャクに障るからどうしてもやりたい。あいつらの鼻を明かしてやりたいんだ」といっこうに聞く耳を持ちません。

そして、「君らは競輪とか競馬を知らないからダメなんだ。これから連れていってやるから付いてきなさい」と言い出し、私たちは、大学から一番近い競輪場に行きました。

安吾さんは、「これで、何でもいいから買ってみろ」と、当時としては大金の一万円ずつを渡してくれました。私は、**予想屋に聞いてそのままを買ったのですが、それが当たってしまい三倍にもなった**のです。

そこで、安吾さんを誘って私たちの行きつけの安い焼き鳥屋に行くことにしました。安吾さんは、「おれだって若いころはこういうところで飲んでいたんだよ。よーし、ご馳走になったから、こんどはおれがおごろう」と言ってハイヤーを呼び、親しいママがいるという銀座の高級バーに連れていってくれたのです。

それから何回か大作家・坂口安吾さんとお付き合いし、自宅にもうかがったのですが、ここでも度肝を抜かれました。

鼻の長い大型のコリー犬に、フランス文化に詳しかった安吾さんは「ラモー」と名づけ、室内で飼っていたのです。作曲家ラモーと言えば、映画『禁じられた遊び』の中のギター演奏で、メヌエットというのが有名でしたね。

そのラモーの餌が、またすごいものでした。坂口さんがステーキを食べればその半分をもらい、当時は高級品だったシュークリームやバナナまで食べていました。奥さんとともにこのラモーと坂口さんが、奥さんの実家で鍋を囲んでいる写真を見たこともあります。

この時期、「何とか君らの力でこの写真の不正を暴いてくれ」という安吾さんの執念は、凄まじいものでした。後で奥さんの三千代さんが書かれた追想『クラクラ日記』を読むと、私たち東工大だけでなく、個人の専門家からはじまって、**千葉大学の工学部、中野写真学校、群馬大学の工学部などにも相談していた**ようです。

その競輪不正事件の顛末は、その後、坂口さんのいくつもの文章に書かれ、そのめったなことではあとに引かないエネルギーにほとほと感じ入りました。

雑誌「新潮」のエッセイ欄に発表し、自分の言いたいことが言えるようにと、自費出版のパンフレットまで考えていたようです。生前は発表されなかったのですが、一九九九年に出た筑摩書房の『坂口安吾全集』第15巻に、例の証拠写真入りで収録されていました。

この、何かが気になると頭が一杯になり、他のことが目に入らなくなる。これは、私の専門である創造性開発や発想の柔軟性の観点から言えば、望ましくない事態です。

しかし、もともと自由で奔放な追究心の持ち主が、いったん〝獲物〟を発見したあとの行動としてそのことにこだわり抜く。そうした精神的エネルギーがないと、おそらく**他に類を見ないユニークな仕事はできない**でしょう。

現在では、偏執的なまでに特定のことにこだわる性格を「アスペルガー症候群」と名づけ、精神医学のテーマの一つになっています。しかし、他人には絶対できないようなことをやってのける人は多かれ少なかれ、このような性格を持っているようです。

「推理小説は頭の体操」と言った安吾さんに挑戦したかった

すでに評価の高い純文学作品については、私の出る幕ではありません。しかし、彼がいかにも楽しんで書いていたらしい別ジャンルの推理小説（当時は探偵小説と言っていましたが）については思い出があります。

私が推理小説のファンだと言ったら、安吾さんが目を輝かせて、「そうか。それならおれが書いた推理作品を読んでみろ」と一冊の作品を貸してくれたのです。この小説、人物描写なども、何ページにもわたってごってりと書いてあり、読みつづけるのには努力を要しました。

それ以上にユニークだったのは、**雑誌連載の途中で読者に懸賞を出すと宣言したこと**でしょう。犯人を推理したもっとも優秀な答案に、この小説の解決編の原稿料を差し上げると言うのです。

私も連載時に読んでいたら当然挑戦していたでしょうが、一冊にまとまった本ではそれもできず、他のことに追われていたのか、途中で読むのをやめてしまいました。あとになって、奥さんの三千代さんが書いた安吾さんの言葉に、「オレが探偵小説を書くのは趣味なのだ。頭の体操だよ、レクレーションさ」とあったので、ガーンと衝撃を受けました。

安吾先生！　そうだったのですか。「頭の体操」をされていたのですね。もう十数年長生きしてくだされば、私の会心作、『頭の体操』をお持ちして、先生に挑戦したかった。

それで先生の頭をほぐして差し上げたのにと、残念でたまりませんでした。

もう一つ、安吾さんで忘れられないのは、第3章で紹介した伊藤整さんの「チャタレイ裁判」の傍聴に通われたことです。後に「チャタレイ傍聴記」や「見事な整理」という文章で、この裁判のことを書かれたように、熱心に聞かれていました。

判決のときも、お弟子さんを連れて来ていましたが、判決が出るとすっと立ち上がり、私が「ああ。坂口先生」と言うと、こちらを向き、ちょっと挨拶をして出て行かれました。それが安吾さんとお会いした最後でした。

訃報を聞いたときは、もっともっとお付き合いをしたかったと悔やまれましたが、これほど人間的魅力にあふれた人物と親しくさせていただいたことを幸運に思っています。

葬儀で川端康成氏が、「すぐれた作家はすべて最初の人であり、最後の人である」と言ったそうですが、まさに安吾さんは安吾さんがはじめてで、安吾さんのあとにも安吾さんはあり得ない。それこそが、この本のテーマでもある「面白い人」の条件の大事な一面だと思います。

安吾さんの作品を評して、そこには狂気じみた「爆発的性格」と「ガランドウにも似た風格」があると言った人がいるそうです。安吾さん自身が「お寺の本堂のような大きなガランドウ」と言ったことから来ているようですが、私にとっても安吾さんは、**未熟な若者も平気で受け入れてしまう**、まさに「大きなガランドウ」の魅力だったと、今、改めて胸が一杯になります。

超面白い人・4

クソ真面目なのに、なぜか人が面白がって寄って来たソニー創業者――井深大さん

堅物が人をとろかすような笑顔を見せるとき

壮絶なまでの「面白い人」で、「誰が見ても面白い人」と認めるトップスリーが正岡子規、岡本太郎、坂口安吾の三氏だとすると、「一見面白くなさそうで、じつは大変面白い人」の代表格が、ソニー創業者の井深大さんでしょう。

井深さんはご自分でも言っておられましたが、子どものころから真面目すぎるほど真面目で、面白味のない性格だったと言います。なんでも他の子どもが皆、あだ名で呼ばれていたのに、**自分だけは一度もあだ名で呼んでもらえなかった**そうです。

そんな堅物イメージの井深さんのもとに、なぜ次々とすばらしい人材、それこそ「面白い人」たちがわんさかと集まり、嬉々として創意あふれる製品を生み出したのでしょうか。

その端的な答えとして、私は井深さんの「ある瞬間の笑顔」を思い出すのです。

それはどんな新米の社員からであっても、井深さんの眼鏡に叶う新しいアイデアが出てくると、社員を鼓舞しようという計算などなく、「うん！　こりゃーいいぞ！　面白い、面白い！」と言って、うれしくてうれしくてたまらない、人をとろかすようなと言うのでしょうか、**何とも言えない相好を崩した笑顔を浮かべる**のです。

この人をとろかすような笑顔は、まさに井深さんが自分にとって「面白いもの」に対していかに敏感であったか、そうした「面白いもの」を生み出す人たちを、いかに大事にしたかを表しています。

ソニーの元専務だった木原信敏さんも、「井深さんのお喜びになる、そのお顔を拝見したいために、ただ夢中で頑張っていたんです」とおっしゃっていました。

私と井深さんとのお付き合いが深まったのは、井深さんが本業以外のライフワークとされた幼児教育に関する仕事に、私が駆り出されてからでした。

井深さんは、よく知られるように二番目の娘さんが幼少時の病気で、脳に障害が残ってしまいました。その痛恨の想いと、大学紛争など戦後教育界への危惧から、井深さんは詰まるところ、幼児教育、とくに〇歳児教育までさかのぼって、教育を考え直さなければいけないのだ、という真剣な思いを持っていました。

そこで心理学者・教育関係者として、私にも協力せよとお声が掛かったのです。

そして第1章にも書いた旺盛な好奇心と研究心で、数多くの文献や教育実践を見聞きし、『幼稚園では遅すぎる』（ごま書房、のちサンマーク文庫）というベストセラーになった著書まで書いてしまったのです。

結局、そうした活動の拠点として井深さんが創立された「財団法人幼児開発協会」の理事長を、初代の井深さんから私が受け継ぐことになり、公私にわたるお付き合いが続きました。そんな中で、今お話ししたいいアイデア、面白いことに出会ったときの井深さんの「人をとろかすような笑顔」を何度見たことでしょう。

先ほど挙げた著書『幼稚園では遅すぎる』の執筆を手伝った編集者が、原稿を整理して持っていくと、井深さんは、自分の話した内容なのに、「うん！　こりゃーいい。いいこと言ってるねー」とそれこそ相好を崩して喜んだそうです。

仕事の報酬には仕事が一番うれしい

子どものころから真面目人間で、面白いあだ名さえ付けてもらえなかったという井深さんですが、**何に面白さを見出していたかと言えば、やはり機械だったようです。**

何しろ井深さんが子どものころ親戚の間では、「大ちゃんが来たら時計は隠せ」というのが合言葉になっていたといいます。見つかると全部分解されてしまい、まだ元どおりにするだけの力はなかったころの話でしょう。

そしてその機械好きが高じてソニーの創業につながるわけですが、大人になってからの井深さんが、何に面白さを見出していたかを示すエピソードがあります。

あるとき井深さんは、何のために仕事をするか、仕事をすることによって得られる見返り、報酬について、金か地位か名誉か、あるいは達成感や自己満足か、という話になったとき、こう答えました。

「仕事の報酬は仕事。それが一番うれしい」

仕事の報酬は、金でも地位でも名誉でもない。いい仕事をすれば、引きつづきいい仕事、面白い仕事、自分のやりたい仕事が回ってくる。それが何よりの報酬であるというのです。

つまり、仕事のやりがいは、引きつづきいい仕事がどんどんできる、その喜びである。

だからこそ井深さんにとって、仕事ほど好きなもの、面白いものはなかったということでしょう。

そしてこのことが、第1章でも触れた創業の設立趣意書の言葉にも表れているのです。「会社創立の目的」八条のトップに、いかにも井深さんらしい言葉で次のように謳《うた》われています。

「一、真面目なる技術者の技能を、最高度に発揮せしむべき自由闊達にして愉快なる理想工場の建設」

古今東西、**数ある会社の設立趣意書の中で、おそらくこれほど「面白い」文面のものはめったにない**でしょう。

およそそうした文書らしからぬ「自由闊達」とか「愉快なる」といった言葉に、井深さんの「真面目なる技術者」ながら「面白い技術者」としての夢が、抑えようにも抑えられないほどにあふれていると思うのです。

面白く仕事をするためには肩書は不要

もう一つ井深さんのことで印象に残っているのは、井深さんがまだ健在のころのソニーでは、役職名や肩書で呼び合うことがなかったということです。ですから、社員の一人ひとりとも、肩書をはずした付き合いをことのほか楽しんでいました。

私が新幹線でソニーの人たちと一緒に旅をしたときも、最初は井深さんもグリーン車に乗っているのですが、そのうちいつのまにかその席にはいなくなってしまいます。

どこへ行ったのかといぶかしんでいたら、若い社員たちがいる車両に行って、ずっと談笑していたらしいのです。年齢も肩書も関係なく、自分の大好きな仕事の仲間と、仕事の話をしているときが井深さんは一番楽しかったのでしょう。

ですからそんな仕事仲間のことを、誰よりも信頼し、**いったん任せると怖いくらいに任せきってしまう〝任せ魔〟の一面もあった**ようです。

長男の井深亮さんが書かれた『父 井深大』に収録されている追悼文集の中で、元幼児開発協会常務理事の松田基次さんが、こんな話をされていました。

松田さんがある調査を命じられて報告書を出したとき、井深さんはその内容を何の疑いもなく、「ソックリソノママ」講演で話してしまったというのです。松田さんは「これは絶対に間違ってはいけない」と、以前に増して、何度もチェックするようになったそうです。

また、二十八年以上の長きにわたって秘書を務めた倉田裕子さんにも、基本的な希望や情報を伝えるだけで、あとはすべて倉田さんの手配のままに動いていました。

井深さん自身、よく笑いながら、「お手洗いから床屋へ行くまで秘書に管理されているんですよ」とうれしそうに話していました。倉田さんはこの言葉を聞いて、「責任重大でしたが、秘書冥利に尽きるありがたい言葉だと胸に沁みた」と書かれています。

名誉会長になってもドライバー片手にアンプの修理

井深さんのこの仕事好き、現場好きは、社長から会長、名誉会長になって現役を退いても、変わることはありませんでした。いつでも**作業着を着て現場に戻りたいという気持ちを、まざまざと見せられた**貴重な経験があります。

井深さんの著書や対談をまとめた『ものづくり魂』（サンマーク出版）の編者・柳下要司郎さんも、このときの経験者の一人で、同書でそのいきさつを書かれていますので、その表現を借りましょう。

昭和五十年代のはじめのことですから、井深さんはもう現役を退き、会長職も盛田昭夫さんに渡して名誉会長となっていたころの話です。

そのころ箱根にあった私の山荘に、出版や放送関係の若い人たちが集まり、当時流行りはじめていたレーザーディスクのカラオケセットを設置して、一晩、歌い明かそうということになりました。

知り合いの電器店で、業務用の高級なアンプやスピーカーを用意し、念のためその電器店の店主まで連れてきたのですが、いざ歌おうとしたところ、肝心の音がさっぱり出てきません。

「いざというときどうしようもない機械だな。電気屋さん、これいったいどこのメーカーだ」「は、はい。ソニーの製品なので間違いないと思ったんですが」「ソニーだって、鳴らなくちゃしょうがないじゃないか。責任とってもらおうじゃないの」

「そうだ！　この上に井深さんの別荘がある。井深さん来てるんじゃない？　もう電話で直訴しようよ。文句言おうよ。楽しみにしてきたソニーのステレオが鳴らないんだけど、どうしてくれるんですかって……」

私は尻込みしたのですが、結局、私以外では一番井深さんと接触のあった柳下さんが、**深夜の井深別荘へ電話でねじ込みをかけてしまった**のです。

すると、運よくと言うか悪くと言うか、井深さんは別荘に来ていて、

「そんな、ソニーの機械が鳴らないなんてはずはない。いますぐ行ってやりたいが、風呂にはいってしまったので、明日の朝、行って診ることにする」

という返事でした。そして翌日の早朝七時ごろのこと、みんながまだ二日酔い気味でぐったり寝ていると、玄関のチャイムが鳴りました。玄関に出た妻が、「たいへんたいへん、井深さんよ、井深さんがいらっしゃったわよ！」と、みんなをたたき起こしました。

井深さんは、

「どこですか。鳴らないって、そのアンプ。診てみましょう。配線コードなんか一式と、配線図もあったらそれも……」

それから小一時間、井深さんが閉じこもった部屋からは、ときどきピーとかブーという音が聞こえていましたが、ややあって出てきた井深さんは、

「わかりました。あれはね、素人さんが使う機械じゃないので、コネクタが合わないんです。でも、こうして一般の人も使ってくれることがあるんだから、ちゃんと専用コネクタを同梱しなくちゃだめだ。すぐ会社に言っておきますよ」

妻が差し出したおしぼりで、黒くなった手を拭きながら、井深さんはこう言って椅子に

腰をおろしました。それから、まるで電気工事を終えた職人が、お茶を飲んで世間話をするように、気さくに自分が今、凝っているという東洋医学の話をひとしきりして、機嫌よく帰っていったのでした。

「無邪気で純粋な興奮」が生み出す「面白いもの」

そう言えばこの井深さんの箱根山荘を建てるとき、場所探しをしたのが私でした。私の山荘のずっと上の見晴らしのいいところで、大文字焼きが真正面に見える場所でした。ここへ井深さんを連れていくと、大変気に入ったようでした。

その理由というのが、なんと「こりゃいい！　ぼくの名前が見えるもの！」というのです。つまり**井深大の「大」の字がよく見えるのがいたく気に入って、無邪気に喜んだ**のでした。何とカワユイ罪のない無邪気さでしょう。

第1章で、井深さんに麻雀を教えたところ、病み付きになってしまった話をしましたが、もう一つ、可愛いくらい夢中になって、井深さんが私たち〝悪友〟どもに立ち向かってきたのが「駄洒落」の応酬でした。

これは朝日新聞の「天声人語」にも紹介された拙著『100歳になっても脳を元気に動かす習慣術』にも書いたことですが、日夜激しいビジネス戦争を強いられている経営者の中には、意外に駄洒落の好きな人がいて、井深さんもその例にもれません。

井深さんはソニーが急成長した時期の多忙な毎日の中で、じつに他愛のない駄洒落を楽しそうに言っていました。

あるとき井深さんを交えてマージャンをやっていたら、井深さんの後ろにかかっていた絵の額が落ちそうになりました。すると井深さんは、すかさず、

「あー、ガク然とした」

と言って無邪気なくらい得意そうな顔をしたのです。「どうだ。いいだろう」と言いたげだったので、みんなで「うまいうまい」と手をたたいてほめてあげました。

まあこんな程度と言っては何ですが、罪のない笑いで、井深さんは心からくつろいでいたようです。

偉い人なのにけっして偉そうにしない、むしろ無邪気で可愛らしくさえある――。

そんなところが、**井深さんが多くの人に愛される秘密**のような気がします。

愛されるだけでなく、その「無邪気で純粋な興奮」が、じつは多くの頭脳に刺激を与え、

大ヒット商品を生み出したケースも少なくないと思います。

早い話、あの大ヒット商品「ウォークマン」も、天才的なひらめきというより、井深さんの例によって**無邪気な願望から、期せずして生まれた**ようでもあるのです。

井深さんは、長時間の飛行機が大の苦手でした。機内で流される映画や音楽はあまりにも音質が悪く、クラシック音楽好きで音にうるさい井深さんには、到底耐えられるものではありませんでした。

「もっといい音で音楽が聞ければ、長旅もずいぶん過ごしやすいものになるのに」

と思ったとたん、もう自分で試験的に作ってしまっていました。

私が井深さんから幼児開発協会の理事長を受け継いだとき、実務を取り仕切る専務理事を務めてくれた埣野堯《たおのたかし》さんは、井深さんや盛田さんの側近として二十年以上、二人の言動を身近に見聞きしてこられた人です。

この埣野さんの証言によれば、ある日、埣野さんが盛田さんの部屋で打合せをしていると、井深さんが、何やらオーディオデッキの改造機のようなものを両手に持ち、ヘッドホンで聞きながら、うれしそうな顔をして入ってきたといいます。

「ちょっとこれ聞いてみてよ。とてもいい音でしょ。これを小さく持ちやすくしてもらえると、出張のときにいいんだが……」

これを聞いて、音質のよさと、持ち運べるデッキという発想にびっくりした盛田さんが、すぐ行動を起こし、したたかな市場感覚で商品化していったといいます。

このとき、もちろん私は同席したわけではありませんが、井深さんの例の「人をとろかす笑顔」が見えるような気がしました。

自分が欲しくてしょうがないもの、それをすぐにでも手に入れたい、そのためのアイデアが浮かんだ。そのうれしさ楽しさがあふれたこのセリフ――。

ここに私は、「真面目なる技術者」の「愉快なる理想工場」を実現した「真面目版・面白い人」、井深大の真骨頂を見る思いがしたのです。

超 面白い人・5

『頭の体操』の著者に「頭の体操」を求めた「逆転の発想」──糸川英夫さん

対人恐怖の人見知りが「面白い人」に変身したきっかけとは

井深大さんが、一見面白くなさそうに見えて意外や意外、「面白い人」だった、という「真面目版・面白い人」の代表なら、同じように真面目そのもの、人見知りで面白くなさそうな人柄が、あることをきっかけにガラリと、誰の目にも明らかな「面白い人」に変身したのが、糸川英夫さんです。

糸川さんは、もちろん皆さんよくご存じの東大教授だった「ロケット博士」です。

最近では、あの「日本の技術ここにあり」と世界に知らしめた小惑星探査機**「はやぶさ」**が着陸した小惑星**「イトカワ」**の名前でもお馴染みでしょう。

若いときには陸軍の戦闘機「隼《はやぶさ》」の設計に関わったことでも有名です。

ということは……。おやまあ、偶然でしょうか。かつて自分が設計した戦闘機と同じ名前の探査機が、自分の名の付いた小惑星に到達したわけで、もし糸川さんが今日まで生きておられたら、大喜びしてダンスでも踊り出したかもしれませんね。

いいえ、これは単なる冗談ではありません。糸川さんは本当にダンス、つまりクラシックバレエを本格的に習われていたのです。

糸川さんはロケット研究や、その後の組織工学研究所での活動など、専門的な分野以外で、バレエの他にもバイオリンやチェロ、そして占星術など多彩な趣味をお持ちでした。

こう言うと、いかにも「面白い人」の典型に見えるかもしれませんが、じつはもともと糸川さんは、**どちらかと言うと人間嫌いで、人見知りが激しく、対人恐怖症ないしは対人警戒症だった**と告白されています。

私が最初にお会いしたころも、日本の宇宙開発に絶望しかけておられたこともあり、多彩な趣味を明るく楽しむというタイプには到底見えませんでした。あとで詳しくお話ししますが、ロケット実験に対する世間の無理解を嘆き、愚痴をこぼしておられたのです。

その糸川さんが変わったのは、有名なバレリーナ・貝谷百合子さんから誘われて、まさに〝六十の手習い〟でバレエを習いはじめ、舞台に立つ経験をしてからだといいます。

この間のいきさつは、糸川さんの著書『続 逆転の発想』（角川文庫）に書かれています。
「私は、仕事の上で、ほとんど毎日、新しい人と会わねばならぬのに、実をいうと、これがまことに苦手であった。（中略）舞台に出てからというもの、これがなくなった。
人間の心に、扉があるとしたら、この扉をぐっと両側に広げられた、という感じである。」

『頭の体操』が『逆転の発想』を書かせた？

私は、糸川さんが組織工学研究所を立ち上げる直前あたり、まだ東大にいらしたころから親しくなっていたと思います。私が書いた『頭の体操』を、**あの糸川さんがお読みになり、突然電話をくださった**のがきっかけでした。

糸川さんが、最初にロケットの打ち上げを試みた地は秋田でした。しかし、だんだんと規模が大きくなって、秋田での実験は危険だということになり、糸川さんはそれに代わる場所を探しはじめました。

結局、これからはロケットの時代なのだということを説得するのに、時間がかかり、ペンシルロケットを上げるまでに三年もの年月がかかってしまいました。『頭の体操』を読まれたのは、このころのことでした。

糸川さんは、私に会うと、つぎのように述懐されていたものです。

「多湖さんねえ、私はねえ、あなたの『頭の体操』じゃないけれど、無駄な時間を使ってしまいました。反対がこれだけ多いんだったら、他から打ち上げることを考えればよかったのに……。最後にここと決めたから、そのことにこだわりすぎたのがいけなかった」

私は、『頭の体操』では、**固定観念にとらわれることのつまらなさをお伝えしたい**と思っていました。糸川さんが『逆転の発想』(プレジデント社)を書かれたのは、『頭の体操』が世に出てから八年後のことでした。

イスラエルに関してのユニークなアドバイス

私は、以前、ノーベル賞を取る確率に関心を持ち調べたことがあります。その結果知ったことは、世界で一番確率が高いのはユダヤ系の人だということでした。

そこで、ユダヤの教育方法や社会を見るため、イスラエルへ出かける決意をしました。

すると、イスラエルには何度も行き、多大な関心を持っているという糸川さんから電話がかかってきて、お会いすると次のようなアドバイスをくれました。

「たった一つだけ忠告しておきたいことは、精一杯回ったとしても、十日の滞在で見ることができる学校や幼稚園の数は、多く見積もっても八つか九つでしょう。

それだけで、イスラエルの教育を評論的に書いてはいけません。あなたの『頭の体操』ではありませんが、固定観念にとらわれていてはダメです。なぜならば、仮に九つ見たとして、あくる日、十、十一と見て行くと、そこでまたぜんぜん違ったイスラエルの教育の方法論を見るに違いありません。それがイスラエルという国なんです」

これはありがたい忠告でした。『頭の体操』の著者に、「頭の体操」を勧めてくれたお蔭で、私は学校というだけでなく、いろいろな訪問先で、それぞれ違うイスラエルを見ることができたからです。

たとえば、金曜日の安息日です。

この日は**労働が禁止ということで、大きなホテルにエレベーターは一基だけ、しかも各階止まりが自動的に動いているだけなのです。**

これは、一般の家庭を訪問したときも同じでした。ドアをノックすると、「開いていますから入ってきてください」という声だけです。内側からドアを開けることも労働のうちなんですね。

そして入ってみると、部屋は真っ暗です。

たまたま前日のうちに電気のスイッチを入れておくのを忘れてしまったとかで、「あなたはユダヤ教徒ではありませんね」と念を押されたうえで、私は電気を点けるのを頼まれてしまいました。

あらゆるものに目新しさを求めると、目の前の流行にとらわれてしまいます。イスラエル的なこだわりとは、こうした不確かなものにとらわれず、自由な道を進むことにこだわろうということなのではないでしょうか。

ここまで考えると、私は、糸川さんがイスラエルに多大な関心を持っていた意味がわかりました。そして、バイオリンや占星術やバレエなど、一見、専門とはまったく違う分野に手を出しつづけた意味もわかるような気がしました。

一般的には面白味のない人見知りの対人恐怖症だった人が、多彩な趣味に打ち込み、脳の違う分野を動かすことで、誰もが認める「面白い人」に変身してしまいました。

その過程で、新たな選択肢を探る能力を高め、それこそ「逆転の発想」を目指していたのでしょう。

本業をちょっと休み、**ふと立ち止まって、自分の歩んできた道を見直す**ために、こんなことを思いつく糸川さん。ほんとうに「面白い人」でした。天才の中には、こういう人もいるんですね。

超
面白い人
6

破天荒なアイデアコンテストで驚かされた ホンダ創業者――本田宗一郎さん

変な発表を認め、面白がる精神

本田宗一郎さんは、「ホンダ」を「世界のホンダ」に育て上げた立役者ですから、彼の面白さをご存じの方も多いと思います。ここでは、私が直接触れた本田さんの面白さをいくつかご紹介することにしましょう。

私にとって、一番面白い体験をさせてもらったのが、社員を対象にした「本田アイデアコンテスト」です。毎年、会場になっている工場まで行くのですが、着いたとたん、「ここは工場ですから」と言われて作業服に着替えさせられます。

たとえば、ある年のことでした。妙な枯れ木があり、「何だこれは」と立ち止まると、係の人が、「先生、お金を持っていますか」と聞きます。

「多少はありますよ」と言ったら、「ちょっと出してくれませんか」と言うので、私はコインでいいのかなと思って、多分百円だったと思うのですが、枯れ木の枠に開けられているスリットに放り込みました。

すると、その木が、「フッフッフッ」と、せせら笑うのです。「何だこれは。笑われてしまったよ」と言うと、「先生、もう少し大きなお金はないんですか」という返事です。

仕方がなく、「ありますよ」と言って財布から一万円をすっと入れました。すると、枯れ木はお札をしゅーっと吸い込んで行き、そのとたん、花咲じいさんの物語のように、枯れ木にばーっと電飾の花が咲きました。

「見事だねえ」と言ったことは覚えているのですが、あまりびっくりしたからでしょう、じつは、あの一万円、返してもらったのかどうか覚えていないのです。

とはいえ、オートバイを作る会社と、花咲じいさんの関係が私にはわかりませんでした。本田さんは、「いいんだよ、とにかく、これから大事になることは、新しい発想なんだから」とこともなげだったのが印象に残っています。

ある年のアイデアコンテストでは、**角ばった変な形のタイヤをつけた自転車がガタガタと動いていた**ことがあります。私が、オートバイとどういう関係があるのかと思っていると、本田さんが、「これはね、ショック・アブソーバー、つまりショックが座席に及ばないようにできるというもので、特許が取れそうなんです」とおっしゃいます。

私は内心「こんなもので特許が？」と思い、冷やかし半分で眺めていました。

ところが、その後、ゴム製品メーカーのオーツタイヤさん（今は住友ゴム工業に吸収合併）に呼ばれて講演に出かけたとき、私は度肝を抜かれることになりました。

なんと、そこでは、六角形の大きなタイヤを作っていたのです。実用的なものなのかという私の質問に、

「そうですよ、これでないと、田んぼなどぬかるんだところに入れないんです。これが空回りしなくて一番いいんです」。

本田さんの会社では、ある時期には社内の社員のデスク・レイアウトも変わっていました。たいていの会社では、社長室には大きな机がでんと置いてあり、各部でも部長・課長など偉い人は大きな机に座って、部下たちと向かい合うスタイルが取られています。

しかし、本田さんは、**机の配置なども、偉い人が一番後ろにいて、後ろから見ていると**いう体制を取っていました。

本田さんの有名な言葉に、「日本一になろうなどと思うな。世界一になるんだ！」とい

うのがありますが、こうした同じ目標をともに抱いて頑張るには、同じ目線で同じ方向を見つめる座り方のほうがよかったからか、とも思えるのです。

お互いの間に「ノー」はなかった「面白い二人」の親交

戦後、ほぼ同時期に創業し、ともに世界的経営者になった本田さんと井深さんは、年齢的にも本田さんが井深さんより一歳と数ヵ月上なだけの同世代で、よく「盟友」と呼ばれるような親しい間柄でした。

ですから、本田さんが八十四歳で世を去ったときは、井深さんの落胆は大きかったようです。しかし、井深さんをおいて本田さんのことをよく語れる人はいないだろうと、かつて私が創業に関わった出版社・ごま書房が、井深さんの語る本田さんの思い出を本にしたいと依頼すると、井深さんは快く応じてくれました。

それが、ベストセラーになった『わが友 本田宗一郎』（ごま書房、のち文春文庫）です。

ただ、私の見るところ**二人の関係は、世間で思われているのとちょっと違っていたよう**です。「盟友」だなどというと、互いに頻繁に行き来し、肝胆相照らして遠慮のいらない

「刎頚《ふんけい》の友」といったイメージを描くのが普通です。

しかし、秘書の倉田さんなどの話でも、本田さんと井深さんは、親しいと言っても、そういう馴れ合った関係ではなかったようです。井深さんの項で挙げた『ものづくり魂』のエピソード集に、二人の関係の微妙なニュアンスが書かれています。

たとえば、経営誌などでは、「二人のあいだにノー（NO）はなかった」などとよく書かれました。しかしむしろ、お互いの依頼ごとというのは、それほど多くはなかった。めったになかったと言ってもいいくらいだったそうです。

それだけに、ひとたび頼まれたら断るわけにはいきません。つまり、井深さんから、あるいは本田さんからの頼みごとがあるときは、よくよくのこと、倉田さんなどは、「よくせきのこと」という表現を使っていましたが、**これはなんとしても、ぜひにもというものだけだから、けっして断れない、断ってはならなかった**のです。

タイプの違う「面白い人」がお互いを批評すると……

井深さんが「土光のじいさん」と言っていた行革の推進者・土光敏夫氏に肩入れしたと

きは、「じいさんがあれだけ頑張っているんだから」と、本田さんを誘って二人で「行革推進全国フォーラム」の講演をして回りました。

このとき、本田さんの事務所から、「うちはこういうむずかしい話はダメで、井深さんと並ぶと恥ずかしいので、回る場所を違えてくれ」と言ってきたそうです。

それを聞いたときに言ったという井深さんの言葉が印象的です。

「とんでもないことだ。本田さんの話は、くだけていて人を笑わせながら、大事なことをちゃんと伝えている。むしろ名人芸だ。自分のボスの価値をわからないようではしょうがない。身内でも気をつけたほうがいい」

と周囲の人間に矛先が向けられたといいます。

本田さんが、**井深さんに関して漏らしたというつぎのひと言も印象的**です。

「ソニーとホンダはよく比較されるが、一つ違うところは、井深さんは自分の会社にイブカの名を付けなかったことだ。これは井深さんの偉いところだね」

前述の『父 井深大』に収録されている追悼文集の中でも、当時ソニー相談役だった樋口晃さんがこんな話を紹介しています。

やっと戦争が終わって、本格的に会社をはじめられるようになったとき、樋口氏が嬉しくなって、「井深株式会社」ですねと言ったところ、井深さんに「人名なんか使うものじゃない」と怒られたというのです。

また、井深さんから引き継いだ西洋医学と東洋医学の境界を超えた医療などの研究をする会社、エム・アイ総合研究所の名前を付けるとき、同研究所の高島社長が、**「井深」の名前を付けたいと言ったところ、病床にあった井深さんはこれを認めなかった**といいます。

そんなこんなを、本田さんとのエピソードにからめてみると、

「井深さんはいいな、自分の会社に自分の名前をつけなかったから。僕は辞めてまでまだホンダの名が残ってしまう。いろいろためになる失敗はしたが、これだけはしたくない失敗だったなあ」

そんな本田さんの声が聞こえるような気がして、この振れ幅の大きいまったくタイプの違う二人の「面白い人」から、無限に広い「面白いこと」が生まれてくる可能性を、私たちは感じ取れると思うのですが……。

超
面白い人
7

「弾きたい」と言う子に「まーだだよ」と、スズキ・メソード創始者——鈴木鎮一さん

母国語を習得するようにバイオリンを教える

バイオリンのユニークな教授法、「スズキ・メソード」を開発された鈴木鎮一《しんいち》先生のすごさを知ったのは、大勢の子どもたちによる大演奏会を聴いたときでした。

鈴木先生はこの会場に、五歳前後から小学六年生くらいまでの子どもたちを二、三十人も連れてこられ、見事な合奏を聴かせてくださいました。

その見事な演奏に驚くとともに、**体が震えるぐらい興奮して、涙があふれ出るほどの体験**をしました。感動が冷めやらないまま、私は、失礼も省みず、あくる日、長野県松本市の先生の研究所へ早速飛んで行って一晩話をさせていただいたのです。

鈴木先生は、ドイツでバイオリンの勉強をし、帰国して間もなく、先生のもとに幼い子

どもが連れてこられました。一人は四歳くらい、もう一人は三歳くらいの子でした。

この二人が、後に世界的バイオリニストになった江藤俊哉さんと豊田耕児さんなのですが、当時の鈴木先生としては、当惑するばかりだったそうです。

しかし先生は、そこで見事な「大発見」をやってのけられたのです。それは、自分はドイツ語習得に大変な苦労をしたのに、**ドイツの子どもたちは、三歳や四歳で見事にドイツ語をしゃべっていたではないか**ということでした。

この母国語の習得というのは、じつは教育の中で一番根源的なもので、とにかく生まれた瞬間から、くりかえし聞かされていること自体が究極の教育なのです。

そして、「ああ」でも「まあ」でも言おうものなら、周囲の皆がいっせいに「ほう！よくできたねえ」とほめてくれます。

日本語でむずかしいと言われる、棒は一本、紙は一枚、船は一艘《そう》、犬は一匹など、対象によって違う数え方まで、知らないうちに言えるようになってきます。

このことに気づいた鈴木先生は、小さい子どもにバイオリンを教えることは可能であり、むしろ、その時期にはじめることで、世界的なバイオリニストを育てることができると考えつかれたのです。

つまり、母国語を教えるようなやり方で、できるだけ早い時期からの「くりかえし」、しかもほめに徹することで、幼児期からでも、子ども用の小さなバイオリンを与えれば絶対にできるはずだという確信を持ってはじめられたのです。

弾きたい気持ちが抑えきれなくなるまで楽器を与えない

「馬を水辺に連れていくことはできても水を飲ませることはできない」という言葉があります。バイオリンにしても同じことで、関心のない子どもを教室に連れていくことまではできても、バイオリンを弾かせることはできません。「弾きなさい」と言われれば言われるほど、気持ちは離れていくでしょう。

ですから、鈴木先生は、すぐにバイオリンを与えませんでした。先輩が弾いている場所にいさせて放っておくのです。

子どもがじれて、「ねえー、まだー？」とねだっても、「まーだだよ！」とばかりしばらくの間待たせておきます。つまり、**弾きたい気持ちが頂点に達するのをじっと待っている**のです。

こうしてさんざん待たされた子どもは、いったん楽器を渡されると、喉が渇ききった人が水を飲むように、音楽を吸収していきます。それはそうでしょう。いやになるほど待たされている間に、習う曲はすっかり頭に入ってしまっているのです。

鈴木先生の教室に入った子どもが、最初に練習するのは「きらきら星変奏曲」です。この曲はバリエーションが豊かですから、取り付きやすい曲ながら、さまざまな基本を覚えることができます。

それから、徐々にレベルアップしていくわけですが、**毎回レッスンをはじめる前に、必ずこれまで習得した曲を復習してから新しい曲に入る**のも、スズキ・メソードの大切な方法論です。これには二つの意味があります。

まず、すでに習って自分のものになっている曲は、自信を持って弾けます。新しい曲で苦労する前に、すでによく弾ける曲を弾いて、「自分はよく弾ける。そして弾くのが楽しい」という気分に子どもをさせてしまうのです。

そしてもう一つの意味は、同じ曲を必ずくりかえすことで、その曲をさらによく知り、深めることができるということです。また今は上手に弾けていても、次の曲に移ると忘れてしまうこともあります。必ず前に戻り、そのとき鈴木先生は、「くりかえせばくりかえすほど、そのたびに前よりいい音が出るようになったね」というひと言を忘れません。

スズキ・メソードは、こうして確立されていったのです。

自分のハンデを笑いの材料にできる「面白い人」の見本

このように子どもの心をよく知る鈴木先生は、大人に対してもじつに面白い人でした。もちろん高齢になってからも弟子たちのコンサートで、美しい演奏を聴かせてくださいましたが、晩年になって、「では先生、ぜひ一曲」と懇請されると、

「弾いてもいいですが、私がこうして（と弾くポーズをして左手を振るわせ）きれいなビブラートをかけようとすると、みんな私が〝中気〟になったのではないかと心配するかもしれないのでやめておきましょう」

と言って周囲を爆笑させ、**演奏を断っても場を白けさせなかったの**です。

思い出すのはある本で読んだ、下半身麻痺で車椅子の名バイオリニスト、イツァーク・パールマンのエピソードです。普通の演奏者なら、プログラムの終了後、舞台の袖に引っ込み、何度も拍手で呼び返されて、おもむろにアンコール曲を披露します。

しかしパールマンは、体が不自由なのでそれができません。そこで、こう言います。

「では、ここで袖に十回くらい引っ込んだことにして……」

聴衆は爆笑し、和やかにアンコール曲を聴ける幸せに浸ることができました。

鈴木先生もパールマンも、自分のハンデを笑いの対象にできる「面白い人」特有の人間性の豊かさが胸を打つのです。

もちろん、先生には、人を面白がらせようという意図はなかったのでしょう。それでも、面白いと思わせられたのは、非常に寛容で、ご自分の信念をしっかりと持ちながらそれを人に押し付けることがないというお人柄だったと思います。お話ししていると、いつも、とてもおおらかな気持ちになれました。

温かみがあり、壁がないのです。先生を思い出すたびに、ほんとうに楽しい時間を過ごさせていただいたと感謝の念が湧いてきます。

もしかしたら、**こちらも勝手なことが言えるし、あちらも心あたたまる話をしてくださるという関係そのものが、心の底から楽しく面白かった**のかもしれません。

超
面白い人・8

言いたいことを言って、憎まれて死にたいという元東京都知事――石原慎太郎さん

政治家には珍しく腹芸のない人

私と石原慎太郎さんとの関係は、石原さんが提唱した「心の東京革命」の推進協議会の会長になってくれと言われて、お引き受けしてから深いものになりました。

「東京から日本人の心の改革を」と、大きな志を持った石原さんの熱意に動かされ、「あいさつ運動」や「子育て支援」など、優れた心理セラピストで、以前都庁におられた星一郎さんを呼び出したりして、何度も話し合いました。

そうした日々の中で、石原さんを身近に見てきましたが、ひと言で言って、**政治家には珍しい二枚舌を使わない人、腹芸のない人**というのが率直な感想でした。

腹芸なしの石原さんに対して、そんなに〝芸〟がないなら、せめて手品くらい覚えたら

どうですかと冗談を言って、いくつか手品をお見せしたところ、大変興味を示されました。ぜひ一度ゆっくり教えてくださいよ、と言われたこともありましたが、残念ながらその時間が取れないまま、今日に至ってしまいました。

石原さんと言えば、学生時代に『太陽の季節』という衝撃的な作品で芥川賞を取られて、さっそうと文壇デビューし、その後、**政治家との二足のわらじを履く**ようになった人です。

しかし、よくある政治家とは違い、裏も表もなく、自由自在に文壇や政界を歩き回っておられました。それだけに、その言動が物議をかもすことも少なくありませんでした。

中でも、その極めつけは、政界引退を発表したときの記者会見でしょう。

産経新聞からいくつか引用させていただきます。

・自主憲法制定

「憲法は良い意味でも悪い意味でも、これだけ日本社会に定着してしまうと、国民の関心はあまりない気がする。本当に憲法を変えなくてはいけないと考えている人は、残念ながら希少な存在でしかなくなった」

「あの醜い前文ひとつを見ても、（略）助詞の間違いが前文にたくさんある。例えば『平和を愛する諸国民の公正と信義に信頼して』は、（略）せめて『に』だけは国文学者を集めて、変えようじゃないかと総理に言った。それが蟻の一穴となって憲法を変えることができるんじゃないかと。安倍さんは残念ながら答えませんでしたな」

・宿敵の田中元首相と安倍首相に何を言い残すか

「安倍さんには初志貫徹してもらいたい。しかし、角栄という人物は素晴らしかった。あんなおもしろい人はいない」

・憲法改正反対派の河野洋平らに対して

「河野君というのは全く例外的な人物で、私は大嫌いですけど」

・尖閣諸島での日本と中国の衝突で、自分が首相ならどう対応していたか

「私が首相なら追っ払う。（略）けんかを仕掛けているのは向こうだ」

石原氏は今後のことを聞かれて、**芸術家を育て、来年も元気だったらヨットのレースの試合をしたい**と語った後、極めつきのセリフを吐きました。

「いくつで死ぬか知らないが間もなく死ぬのだろう。死ぬまでは言いたいことを言って、やりたいことをやる。人から憎まれて死にたい」

まことに、石原さんらしいセリフと言えます。最近、『嫌われる勇気』という本がベストセラーになっているように、人は、他人に嫌われたり憎まれたりすることを恐れ、よほどの勇気がなければそうした言動をすることができません。

そういう中で、石原さんの言動は小気味いいものがあり、多くの支持を集めた秘密はそこにあるような気がします。

石原さんが威張らない相手とは?

石原さんはいつもこんな調子ですから、その一見、傲岸不遜《ごうがんふそん》ともとれる振る舞いは、あらゆる側面で目立っていました。

たとえば、月刊雑誌『文藝春秋』の二〇一五年新年号では、冗談と断りながらも、「俺は芥川賞で有名になったんじゃない。俺のおかげで芥川賞が有名になったんだ」と言い放っています。

そして、**戦後の昭和の時代、その戸口を開いたのは、自分と裕次郎の兄弟だという自負**が許されるはずと述べています。

都知事時代などは、彼の周辺にはいつもぴりぴりとした緊張感が漂っていました。誰かれとなく、**ずばずばとものを言うし、怒るときは怒るしという率直さ**があるからでしょう。しかし、じつは私は、石原さんからそういう扱いを受けたことは一度もありません。威張るということがありませんでした。おそらく、私が彼よりも年配だったからだと思います。

たとえば、私が、「心の東京革命」代表を降りて、Jリーグチェアマンだった川淵三郎さんを推薦し、石原さんのところへ連れて行ったときのことでした。ちょうどクールビズがしきりに言われていたときのことでしたが、私はネクタイをしていくと川淵さんに伝え、川淵さんもネクタイをして、二人で出かけました。

すると、出てきた石原さん、ノーネクタイだったんです。「お！　お二人ともネクタイを……」と言われて、私たちは慌てました。クールビズの時代にネクタイなんてと言われそうな気がしたのです。

しかし、「知事に敬意を払うためネクタイをしてきたので、すぐにはずしますから」と言った私たちに、「いやいや、そんな。私のほうこそ失礼します」と答えました。

つねに、自分が正しいという態度を取ってきた石原さんにしては珍しいことでしたが、案外、**年配者には敬意を払うという繊細さを持っている人**なのだと思います。

この繊細さと、「憎まれて死にたい」と言いきる豪胆さと、その二つが微妙にバランスをとって共存しているところが、石原さんの魅力であり、面白いところなのです。

超面白い人・9

でたらめそうで、じつはでたらめでなかった観相学の大家――藤木相元さん

この面白さも、沖縄での辛い原体験があったから

観相学の大家・藤木相元さんの面白さはどこにあるかと言えば、でたらめのようでいて、でたらめではないその生き方そのものでしょう。

相元さんは、元々、**関西でかなり大きなお寺の住職さん**でした。ところが、戦争も末期を迎えたあるとき、そのお寺を売ったお金を持って、なんと戦争まっ只中の沖縄へ行きました。沖縄では、たくさんの若い女性が断崖から飛び降りて死んでいました。

死のうとしている女性を必死に止め、助けた女性六人ほどを連れて逃げているとき、アメリカの戦車が二台やってきました。「もうダメだ」と思って諦めたとき、何を思ったか、連れていた女性たちが、いきなり全裸になって戦車のほうへ向かって行きました。

それを見た戦車の米兵は、くるっと向きを変えて帰っていったそうです。

心ならずも女の子たちに命を助けてもらう形になった相元さん、無事に彼女たちを逃がすと、自分は米軍に投降して捕虜になりました。すると、米軍の女性将校の一人が、相元さんを呼び出し、捕虜たちをまとめる役割を与えました。

相元さんに言わせれば〝俺にほれたんだよ〟ということになるのですが、とにかく相元さんは、自暴自棄になりがちな捕虜たちを、見事にまとめることに成功したのです。

松下幸之助の質問「あなたは運のいい人か」

やがて、捕虜の身から解放された相元さんは、沖縄で亡くなった多くの人々のために墓を作り、墓守としての人生をはじめました。たまたまそれを見て感心した当時の東宝の社長が、発展途上にあった松下電器の社長・松下幸之助さんを紹介してくれました。

裸電球がぶら下がっている畳敷きの小さな部屋で、松下さんは、相元さんに、「あなたは運がいい人だと思いますか」と聞いたそうです。相元さんが、沖縄での体験を話して、**あそこで命が無事だったのだから運がいい**と答えると、松下さんは、

「過去なんかどうでもいいんです。これから先、運のいい人になれると思いますか」

と聞いてきました。相元さんは、

「過去がそうですから、未来も絶対運がいいと確信しています」

と答えたのです。それを聞いた松下さんは、

「そうですか、それでは、あなたは理系の知識があるみたいだから、私が東工大に親しい教授を紹介しますから、そこへ行って少し勉強してきなさい」

と名刺と手紙をくれました。そこで二年ほど勉強したあと、松下さんは今度は、

「勉強が大分進んだみたいだから、ドイツへ行っていらっしゃい」

と、**宿もお金も用意してくれた**そうです。しかし、ドイツでの二年間、相元さんは、女性関係で羽目をはずしすぎました。さすがの松下さんもかばいきれず、

「本当は帰ってきたらうちの社員にと思っていたが、役員が皆反対でどうしようもない。これだけいろいろやってきたんだからあとは一人でやっていけるでしょう」

と、要は首になったわけです。

相元さんは、こんなにお世話になって申し訳ないと、電気釜（炊飯器）の技術を残していきました。相元さんには発明家の一面があり、アイデアマンだったのです。松下電器は

これで一気に儲けたと言います。

最後に行き着いた意外な選択

ただ、相元さんの沖縄体験や発明家としての面は、読者の皆さんには意外かもしれませんね。晩年の相元さんは、**「観相学」の権威としての顔しか見せていないからです。**

沖縄や松下での恩返しを終えた相元さんは、その後、いろいろな人の悩みを聞いているうちに、ついには「観相学」の大家になってしまいます。

相元さんがまだ無名のときに知り合った私は、相元さんの人を見抜く目と、その面白い語り口にすっかりほれ込んでしまいました。

あるとき、料亭で芸者衆も呼んでにぎやかに過ごしているとき、相元さんが一人の芸者さんに、「あなたはこういう過去を持った人だね」と話しかけたのです。

するとこれがずばり的中したらしく、やがて芸者衆が、次から次へと寄ってきて、相元さんはたちまち大スターになってしまいました。

それを見て私は、ピンとくるものがあり、フジテレビの『笑っていいとも！』に紹介しました。それがブレイクして、ここから彼の第三の人生がはじまったのです。

さらに言えば、この相元さんの縁で、当時、処女作の本を出したばかりだった細木数子さんをこの番組に紹介し、そこから彼女の運も開けました。

そんなこんなで、私は、自慢ではありませんが、彼の弟子としての最高の格を持っています。「東京アマチュアマジシャンズクラブ」の仲間であり、電通の局長を長くやっている升田普造さん（将棋の実力制第四代名人・升田幸三氏のご子息）という手品名人と一緒に入門して得度し、僧侶の資格も取りました。

松下幸之助さんも、相元さんに最後までほれ込んでおられたらしく、人生の最期を迎えるときに、「そろそろ引導を渡してもらいたいから、藤木君を呼んでくれ」と言われ、駆**けつけた相元さんは、徹夜で松下さんに付き添った**と言います。

私にしても、女たらしで困るなあと思いつつ、彼には特別な感情を持っていました。

彼が、すごく真面目に日本のことを考える姿を知っていたからでしょう。そういう意味で、なかなか奥深いものを持った稀有な面白い人だったと思います。

超
面白い人
10

親子を巻き込みホロリとさせる、大作ドラマ以上のゲームの天才——日野晃博さん

「勉強ばかりじゃなくてゲームもやりなさい」

私にとってこの十年、最新にして最大の〝人間ショック〟は、ゲームソフトメーカー・レベルファイブの社長・日野晃博さんと仕事をしたことでしょう。

今まで会ってきた「面白い人」のどのパターンにも当てはまらない、**言わば異星人のような人種**と言ったら失礼に当たるかもしれませんが、それほどの人間的カルチャーショックを、彼から受けたのです。

もちろん日野さんと言えば、現在、社会現象化するほど一世を風靡した感のあるゲームソフト『妖怪ウォッチ』の作者として有名ですが、この超大型ヒットに先立つ大ヒット作品『レイトン教授』シリーズで、私を監修とナゾ作成に関わらせてくれたのが日野さん

だったのです。

最初に結論めいたことになってしまいますが、私という人間はつくづくツイている幸せな人間だと思います。八十歳近くなってからは、そろそろこのありがたいツキに恵まれたわが人生も、終わりだろうと思っていました。そこに降って湧いたように現れたのが、日野さんであり、ゲームソフト『レイトン教授』シリーズの大ヒットだったのです。

静かに終わるはずのわが人生を、**終わらせてくれなかったどころか、また新たなブームの渦の中に巻き込んだ**のが日野さんでした。

正直に言って、私は「ゲームなどたかが子どもの遊び」と思っていました。もちろん子どもにとって遊びは仕事のようなものですから、子どもが夢中になって遊べるものにはそれなりの意義はあるでしょう。

しかし日野さんのこの作品は、それ以上のものを私に強く感じさせてくれたのです。

日野さんも言っていましたが、ゲームをゲームで終わらせたくない、そこに何らかの感動があってほしいという制作意図が、見事に実現されていると思いました。

たとえば、『レイトン教授』シリーズのそれぞれが、ゲームと侮れないストーリー性やドラマ性、ミステリー性などを持ち、視覚的にも古いロンドンを模した幻想的な街並みや自然など、小さいながら画面に美しい詩情をただよわせています。

ゲームを最後までやり通した人たちは、異口同音に、単に面白かったというだけでなく、「泣いてしまった」「ホロリとさせられた」とその感動を隠しません。私もナゾづくりや全体の監修をしながら、そのストーリーにはまり込み、ところどころでじーんと来て、涙ぐむことがしばしばでした。

これなら子どもに、「ゲームばかりやってないで勉強しなさい」ではなく、「勉強ばかりじゃなくてゲームもやりなさい」などと、逆転したセリフで、**親のほうから子どもを誘って一緒にゲームを楽しむこともできる**でしょう。

三日月机で本気かどうか冗談のような企画会議

日野さんが私のところに訪ねてきたのは、十年前、彼がまだ三十代の後半になったばかりだったでしょう。彼はどちらかと言えば、たどたどしい話し方で、

「私はじつは子どものころから、先生の『頭の体操』のとりこになってしまい、ゲームのソフトメーカーになったとき、いずれは絶対にこれをゲームとして取り上げたいと思いつ

づけていました」。

それで、福岡にあるレベルファイブの本社を訪ねて驚きました。それぞれのスタッフの机が、三日月形というか円弧状になっていて、その中に座ると椅子をぐるっと回して、いろいろなテーマのパソコン画面や資料、文献、パズル・問題などに向かうことができます。

一声かけて、あるプロジェクトの打合せをしようと言うと、そのまま全員がその話に加われます。普段はみんな勝手な方向を向いている自由な空間でありながら、**共通のテーマに集中するときはさっとその体制に統率がとれる**のです。

日野さんに、ゲーム作りで一番楽しいことは何ですかと聞くと、まるでホンダの本田宗一郎さんの「ワイガヤ」のように、

「ブレインストーミングって言うんですか、みんなでワイワイガヤガヤ、アイデアを出し合っているときが一番でしょうね。とくに、まだ何にも決まっていない最初の段階で、半分くらい冗談、どこまで本気なのかわからないようなときが、一番楽しいです。先生のところでも、それに似たことを相当やらせていただきましたよね」

と、これまたとても楽しそうに答えてくれました。

「頭の体操」の使用不可がかえってよかった

この時期、日野さんが「頭の体操」のゲーム化をテーマに私のところに来たのには、特別な思いがあったようです。

彼の会社はそれまで、他社ブランドのソフトを開発してきていたのを、今度はレベルファイブという自社ブランドのソフトとして発売する第一弾にしたいということでした。

日野さんの構想では、元々「推理モノ」ソフトの計画があったのですが、ナゾの素材として「頭の体操」という大量のストックがあったので、日野さんはそれをゲーム化する別の企画を先行しようと思われたようです。

しかし、ここに二つの問題が生じました。一つは著作権法上の問題で、ある会社が、なんと「頭の体操」という名称を、すでにこのゲーム分野で、正確に言えばゲーム等を含むデジタル分野でのパテントを著者にも出版社（光文社）にもまったく無断で、**ひそかに商標登録してしまっていた**のです。

仕方なく日野さんに連絡し、「頭の体操」というタイトルは使えないかもしれないと伝えました。ただ、今後のことを考えて、結局はその商標権を買い取り、最終的には「頭の体操」を使ってもいい環境にはなったのです。

しかし、「頭の体操」を使わないことを想定して考えていた日野さんは、むしろ「頭の体操」とは違う新たなゲームの世界を築くべく、自社ブランド第一号としてのゲームソフトの開発に燃えていました。

もう一つの問題は、この「頭の体操」のゲーム化を考えている最中に、「脳を鍛えるトレーニング」、つまり「脳トレ」の大ブームが起こったことです。このブームの旋風が吹いている中で「頭の体操」を出すのは、追い風どころか、下手をすると相乗り、類似企画と思われかねません。

そこで、日野さんは、「頭の体操」企画はいったん白紙に戻し、元々最初考えていた「推理モノ」との融合を図る決断をしたのです。

こうして、「レイトン教授」シリーズの第一弾、『レイトン教授と不思議な町』は、**「頭の体操」と「推理モノ」の二つの企画が融合**して生まれました。

結果として、この選択は大成功、大正解だったのです。

「頭の体操」の多湖さんから、「レイトン教授」の多湖さんへ

つい先日も、日野さんと会う機会があり、私が言ったのは、「結局、私たちはほんとにツイていましたねー」ということでした。つまりあそこで何の問題もなく、すんなり「頭の体操」が使えていたら、今日のあの「レイトン教授」の**大ヒットは生まれなかったかもしれない**ということです。

「頭の体操」に頼らず、新しい世界を作り上げることができたからこそ、「レイトン教授」に続いて「イナズマ・イレブン」——これも、私が日ごろ親しくしていただいている川淵三郎さんにご協力いただき、おそらく想定以上の大ヒットになったのです。

さらに、立てつづけに、大きな社会現象ともなった「妖怪ウォッチ」の世界へと、大ヒットがつながっていったと思います。

マイナスの条件があったほうが、かえって新しい発想が湧くという、「必要は発明の母」、「レジリアンス」の一種でしょうか。

ついに、私の周辺でも変化が認められるようになりました。「頭の体操」は知らなくて

も「レイトン教授」だったら知っているという逆転現象が当たり前になってきたのです。

まさに時代が変わったのです。

その「レイトン教授」の熱気が冷めやらぬうちに、すでに世の中も日野さんも、「イナズマ・イレブン」のヒットに続いて、次のメガヒット「妖怪ウォッチ」の世界に移動しただけでなく、日野さんはすでに次のゲームソフトの構想を楽しそうに語っています。

これぞ現代のもっとも若い「面白すぎる人」の代表です。

〈著者プロフィール〉
多湖 輝（たご・あきら）
1926年生まれ。心理学者。東京大学文学部哲学科（心理学専攻）卒業。千葉大学名誉教授、東京未来大学名誉学長。心理学を素地にした創造性開発、自己啓発、幼児教育をはじめとする教育全般、中高年の生き方などで数々のベストセラーを生み出し、中でも「頭の体操」シリーズは累計1200万部を超える大ヒットとなった。最近でもゲームソフト「レイトン教授」シリーズのナゾ監修や、日本テレビ「世界一受けたい授業」への出演などで幅広い支持を得ている。90歳を迎えてもなお楽しく充実した生き方、より良い国のあり方などに強い関心を抱きつづけ、熟年ならではの頭の活性化を説いた『100歳になっても脳を元気に動かす習慣術』（日本文芸社）は、朝日新聞「天声人語」でも絶賛されて版を重ねた。

人生90年 面白く生きるコツ
2015年8月25日　第1刷発行

著　者　多湖 輝
発行人　見城 徹
編集人　福島広司

GENTOSHA

発行所　株式会社 幻冬舎
〒151-0051　東京都渋谷区千駄ヶ谷4-9-7
電話　03（5411）6211（編集）
03（5411）6222（営業）
振替00120-8-767643
印刷・製本所　図書印刷株式会社

検印廃止

ISBN978-4-344-02809-8　C0095
幻冬舎ホームページアドレス　http://www.gentosha.co.jp/

この本に関するご意見・ご感想をメールでお寄せいただく場合は、
comment@gentosha.co.jpまで。